“十三五”国家重点出版物出版规划项目

“中国工业遗产故事”丛书

丛书主编　刘伯英　周大亚

水口山铅锌矿故事

段　锐　肖中云　著

南京出版传媒集团
南京出版社

图书在版编目（CIP）数据

水口山铅锌矿故事 / 段锐，肖中云著. -- 南京：南京出版社，2022.1

（中国工业遗产故事）

ISBN 978-7-5533-3536-0

Ⅰ. ①水… Ⅱ. ①段… ②肖… Ⅲ. ①铅锌矿床－工业史－湖南－青少年读物 Ⅳ. ①F426.1-49

中国版本图书馆CIP数据核字（2021）第246191号

丛 书 名 中国工业遗产故事
丛书主编 刘伯英　周大亚
书　　名 水口山铅锌矿故事
作　　者 段　锐　肖中云
出版发行 南京出版传媒集团
南　京　出　版　社

社址：南京市太平门街53号　　邮编：210016
网址：http://www.njcbs.cn　　电子信箱：njcbs1988@163.com
联系电话：025-83283893、83283864（营销）　025-83112257（编务）

出 版 人 项晓宁
出 品 人 卢海鸣
责任编辑 金　欣
封面设计 张　淼
版式设计 王　俊
责任印制 杨福彬

制　　版 南京新华丰制版有限公司
印　　刷 江苏扬中印刷有限公司
开　　本 787毫米×1092毫米　1/32
印　　张 4.875
字　　数 84千
版　　次 2022年1月第1版
印　　次 2022年1月第1次印刷
书　　号 ISBN 978-7-5533-3536-0
定　　价 28.00元

用微信或京东APP扫码购书

用淘宝APP扫码购书

总 序

在众多的文化遗产中，“工业遗产”是一个年轻的类型。工业遗产是工业时代形成的遗产，自从18世纪60年代以蒸汽机为代表的第一次工业革命在英国爆发以来，工业文明虽然只有短短的三四百年历史，但在人类文明的发展史上，工业文明所创造的财富和对世界以及人类生活的影响，都远远超过之前几千年的总和。经过多年的开采、生产、运行，有些矿山、工厂、仓库、烟囱、管道、铁路、码头等已经失去了生产功能，但作为纪念物被保留了下来；同时还有些机器、车辆、工具、仪器、图纸、档案、照片、产品、服装等也一起保留下来，成为工业文明的历史见证和记录。

我们衡量文化遗产一般采用“历史、艺术和科学价值”这三大价值作为标准，而工业遗产在具有文化遗产的普遍特征的同时，还具有一些特殊的价值。一般来说，工业遗产具有历史、社会、建筑和科技、审美等多重价值。它与其他文化遗产的区别就是技术价值。工业遗产见证了科学技术对于工业发展所做出的突出贡献，表现在工厂矿山的选址规划、建（构）筑物的施工建设、机械设备的设计安装、生产工具的改进、工艺流程的设计布置和产品的更新等方面。从工业遗产中我们可以清晰地看到技术进步的脉络，其中既有创新、改进，当然也有失败或者弯路，这些都为后人提供了可供借鉴的经验或者教训。由于工业遗产可以直观地反映出人类社会发展的这一重要过程，工业遗产成为我们社会发展不可或缺的物证。

当你走进我国各地的博物馆，看到最多的是什么？是青铜器、陶瓷、丝绸、书画、金银玉器等精美的手工艺品，我国悠久的农业社会文明，为世界贡献了数不清、看不尽的文化瑰宝，使参观者瞬间满怀文化自豪感。从本质上说，这些都是农业时代的遗存，代表的只是我们国家在农业时代创造的文明、对世界文明发展的贡献。可是你却很少能够在我国博物馆中看到数量、规模能与上述这些农业文明时代的文化遗存相当的工业遗产。尽管工业时代是离我们最近的历史时期，工业文明创造了巨大财富，对世界以及人类生活产生了深远影响，但我们似乎忘记了给它在博物馆中留出应有的位置。

工业遗产对生活在当下或者未来的人有什么意义呢？我们说，工业遗产具有纪念、教育、文化或象征的意义。

我国工业化以来，形成了许多新的城市。例如，哈尔滨、长春、郑州、石家庄是火车轮子拉来的城市，上海、大连、青岛、秦皇岛是港口通航形成的城市，唐山、鞍山、玉门、大庆、平顶山、萍乡是矿山开采形成的城市。矿山、工厂、井架、火车头、港口是这些城市的历史符号，是老一辈人抹不去的记忆，很多家庭连续几代都在一家厂矿中工作，这些厂矿是城市的“源”，也是文化的“脉”，更是市民的“根”。

由于中国工业社会时代开始的时间晚于欧美，人们对工业遗产保护的认识需要一个接受的过程。随着城市化步伐的逐步加快，对工业遗产在拆与保、遗弃与利用之间存在着激烈的碰撞。这种碰撞不仅存在于个别地区，而且普遍存在于具有工业遗产资源的众多城市。近年来，我国伴随城市规划布局及产业结构的调整，过去的工业区大多变成了中心区，工业外迁的步伐加快，出现了大量的工业遗产。如何评估这些遗产并将其妥善保护、永续利用，已成为文化遗产保护领域一个极为紧迫的问题。

令人欣慰的是，许多具有远见卓识的地方政府，在大力推进当地经济社会可持续发展的进程中，重视工业遗产的保护，取得了令人称道的成绩。在对工业遗产保护逐渐形成共识的形势下，一批工业遗产得到了积极保护和合理利用。同时，我们也必须注意到，尽管近年来一部分工业遗产开始被列入保护之列，但是受法律保护的工业遗产项目仅占应纳入保护内容中的很小一部分。还有很多城市，特别是一些传统工业城市，还未将工业遗产保护纳入文化遗产保护范畴，还缺乏对工业遗产的总体评价和细致规划。

工业遗产的保护和利用需要公众的关注和参与。工业遗产的主人不仅是政府，每个人都是主人，只有当地居民自觉守护，才能保卫工业遗产的尊严，有尊严的工业遗产才有强盛的生命力。只有把工业遗产保护与城市文化建设，特别是与公众的生活紧密联系在一起，才能为工业遗产的保护与利用找到真正的根基，才能使工业遗产成为公众生活的组成部分，才能使工业遗产成为城市文化的内核与灵魂，也才能使城市成为工业遗产真正的家园。建设一个房地产项目，可以服务一个城市几十年，而保护好一个城市的工业遗产，或许会让一个城市受益上百年，同时也有助于提升市民的文化理念，使人们用辩证思维的方式去看待城市发展中的各种矛盾，平衡、协调、解决好各类问题。

感谢刘伯英教授等研究工业遗产的学者们，多年来为工业遗产的保护和利用开展了大量工作，使工业遗产引起了政府部门的重视。今天，他们又开拓了一片新领域，通过每一项工业遗产的详细说明与阐述，把我们的工业发展历史和其中有趣的人物、故事介绍给普通大众和青少年，引导更多的人，尤其是青少年群体对工业遗产产生兴趣，自觉地保护我们身边的工业遗产，这是一件利在当代、泽被千秋的好事。我非常愿意把这套丛书推荐给大家，特别是我们的青少年读者，为我们5000多年的文明史补上这极为精彩的一段，完整地看待一个悠久历史的民族，在艰难困苦中百折不回，从一个纯粹的农业国华丽转身成世界最重要的工业制造大国，树立起我们的民族自信。

单霁翔

（作者系中国文物学会会长、国家文物局原局长、故宫博物院原院长）

序 言

水口山铅锌矿位于湖南省常宁市，始建于1896年，已有125年历史。它是第七批全国重点文物保护单位，入选第一批中国工业遗产保护名录。清代湘学泰斗王闿运曾在松柏楼留下“十里接银场，前代芰源曾置监；层楼压湘水，过江山色入凭栏。”这副楹联，彰显出水口山铅锌矿非同一般的价值。该矿分布面积达120平方公里，是世界上铅储量最大的矿区，且富含金、银、铜、砷、镉、铍、锆等多种金属，因此水口山享有“有色金属之乡”“中国铅锌工业的摇篮”“世界铅都”之美誉。

水口山铅锌矿开采、冶炼历史悠久，矿冶史可上推到3000年前之商周时期。1896年，在“洋务维新、实业救国”思潮影响下，清朝政府设立水口山铅锌矿局，首开西法采矿、选矿、冶炼之先河，成为中国矿产业的先驱。历史上，其技术工艺、机器设备、材料产品均在不同时期代表了国内外的先进水平。如中国第一家炼铅厂、中国第一家炼锌厂、中国第一座机械重力选矿厂、中国第一家氧化锌厂、中国第一家铍冶炼厂、中国首个机械化有色金属矿井、领先世界的氧气底吹熔炼法都先后从这里诞生。此外，水口山有国内唯一的铍冶炼厂、砷产品生产基地，为我国第一颗原子弹爆炸、第一颗导弹发射、第一颗人造卫星上天、神州五号飞船成功飞行提供了特殊材料。水口山铅锌矿的发展，充分展现了中国民族工业从无到有、从弱到强、逐步成长壮大的光辉历程。

水口山铅锌矿也是中国红色工运重要策源地，是大革命时期毛泽东亲自开辟的工人运动阵地。1922 年，毛泽东在这里撒下革命的火种，点燃“唤起工农千百万”、开展中国工农联合革命的燎原星火。在毛泽东的组织领导下，发动了震惊中外的水口山工人大罢工，掀起了中国工人运动的第一次高潮，涌现出蒋先云、谢怀德、宋乔生、耿飚等老一辈无产阶级革命家。邓中夏评论说：“水口山铅锌矿罢工，其雄壮不亚于安源。”以水口山工人为主体组建的工农联盟武装奔赴井冈山，成为井冈山革命根据地的中坚力量，在所有革命队伍中，“是最敏捷、最有纪律、最有警惕性、政治上最先进的”。水口山的革命历史，展现了老一辈无产阶级革命家和革命先驱“坚定信念、不怕牺牲，勇于创新、敢为人先，心系群众、扎根人民，严守纪律、团结协作”的精神。

水口山铅锌矿从商周至今都有文物遗存，构建了矿业采冶空间三千年来基本不移位、传统工艺三千年来基本不断链、实物证据三千年来基本无缺环的工业文化遗产体系。采矿和冶炼等工业遗址遗存总面积达 78.5 平方公里，且类型多样，内容丰富，拥有古代采矿遗址、冶炼遗址以及红色革命文化遗址。这些数量可观的遗迹，都是水口山千年古矿的实物见证。

水口山因铅锌矿而成名，一部水口山铅锌矿的历史，实际上是一部中国有色金属工业发展史，是一部矿业发展史，是一部工人运动史，是一部勤劳中国人的艰苦创业史。毫无疑问，作为伟大中国故事的组成部分，读懂水口山铅锌矿故事，能深刻感受到百年水口山矿业的发展历程和取得的历史性成就，更能学习到蕴含于其中的“水口山精神”。前人的光辉事迹，必将激励着后人勇往直前，为建设工业强国，为实现中华民族伟大复兴的中国梦接续奋斗。

目 录

一 水智山仁——八宝之地的“水”与“山”

八宝之地

水口山位于湖南省常宁市东北部，古有“八宝之地”之称。北魏地理学家郦道元曾在《水经 · 湘水注》中记载：“湘水又西北，得舂水口，水上承营阳舂陵县西北潭山，又北径新宁县东，又西北流注于湘水也。”“舂水口”指的是湘江流入衡阳后有“舂水”注入，江水合抱的群山之中便是水口山。水口山的“水”很有特点，湘江的水自南面滔滔而来，在这里开始放缓脚步，八百里舂陵水也在此忽然勒住步伐，注入了湘江。有人经过一番“觅龙、察砂、

水口山的标志

油茶果实

观水、点穴、立项”的观察，得出对水口山的评价：“水口山形状如大鳌，两道大江锁水口，独守常宁北大门，犹如独占鳌头。”

水口山地处衡阳盆地南缘，为南岭余脉。这里的“山”，可谓遍地有宝，当地有一个传说：从前山上有九头银牛，每天傍晚都要到湘江边饮水。有个胆大的青年守了好久，终于有一天抓住了一头牛的尾巴。可牛力气很大，往石壁上奋力一撞，立马不见了。于是，大家立即合力把石壁凿开，竟然挖出

◎小贴士

茶油：又名山茶油、山茶籽油，是从山茶科山茶属植物油茶的成熟种子中提取的纯天然高级食用植物油，色泽金黄或浅黄，品质纯净，澄清透明，气味清香，味道纯正。全球油茶籽油产量的90%以上来自中国。早在汉武帝时，中国就开始栽种油茶，至今已有2000多年历史。油茶树生长在中国南方亚热带湿润气候地区的高山及丘陵地带，主要产区在湖南、江西、广西、河南、重庆等省市。截至2020年，全国油茶种植面积达6800万亩，高产油茶林1400万亩，茶油产量62.7万吨，油茶产业总产值达1160亿元。茶油是我国政府提倡推广的纯天然木本食用植物油，也是国际粮农组织首推的卫生保健植物食用油。

远眺水口山

了许多银子。到了每年的九月，山上漫山遍野覆盖着一种绿油油的植物，叶上生长着金黄的花。可别小瞧它，结出的圆圆果实，榨油后完全能够媲美“油中黄金”的橄榄油。我们将这种油称之为——茶油。茶油色橙黄通透，色清味香，营养丰富，极耐贮藏，是中国所特有的优质食用油。

悠久的矿冶历史

水口山真正让世人所熟知的是铅、锌、铜、金、银、硫铁矿等有色金属矿藏。其中，这里的铅锌产量占世界总产量的三分之一，素有“有色金属之乡”之美誉。水口山矿冶历史悠久，承载了我国有色金属冶炼从古代到近代，从土法到西法的漫长演进过程。2014年12月至2016年1月，在水口山小洲村“江洲遗址”（犁头嘴）东北部，考古学家发现了西周前后特殊建筑遗址以及所包含的单一或复合型冶铸遗址，挖掘出土了坩埚、石范、提纯铜块、青铜熔件、青铜残块、同期柱洞建筑遗存，据此推算水口山采矿冶铸的历史可上溯至3000年前的商周时期。

据《常宁县志》载，汉朝时此地的居民已掌握了简单的采矿和炼银技术，在常宁开设有“茭源银场”（因舂陵江流经常宁地段，当地人称之为“焦源河”，“茭源”与“焦源”音韵相同），铸造钱币的银铜原料多来源于此地。唐肃宗至德至上元年间（756—762）“增坑冶十余所，其利甚盛”，到宋代真宗天禧年间(1017—1022)，更为

小洲村江洲遗址（犁头嘴）

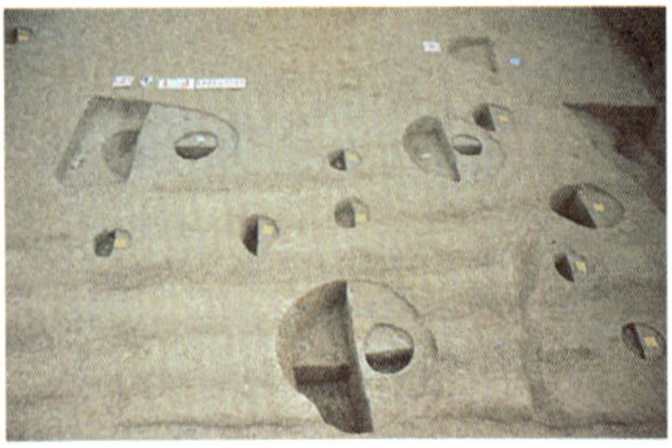

西周矿冶遗址

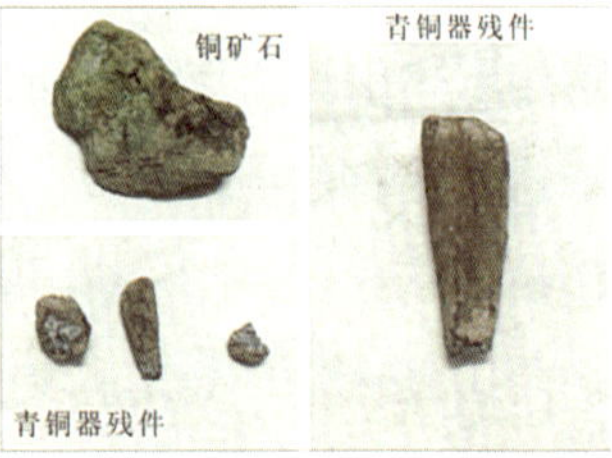

出土的石器、铜器

兴盛，为保密起见，虽名为银场，但其金、钨、铜、锡等矿产资源同样丰富，尤以铜黄亮、成色好。宋、明两朝，朝廷均派出专人管理茭源银场，严禁私人对其进行开采。

清光绪二十一年（1896），清政府正式成立水口山铅锌矿局，派廖树蘅任总办，主持开发水口山矿业。建矿初期，水口山用的是土法开采明窿。1905 年改用西法开采，在矿南端老鸦巢开拓第一坑斜井。1909 年建成机械重力选厂（俗称洗砂台）。1912 年，铺设水口山至松柏窄轨铁路。至此，

◎小贴士

铅锌矿：指富含金属元素铅和锌的矿产。铅锌用途广泛，用于电气工业、机械工业、军事工业、冶金工业、化学工业、轻工业和医药业等领域。此外，铅金属在核工业、石油工业等部门也有较多的用途。我国的铅锌矿主要集中在湖南、云南、内蒙古、甘肃、广东和广西。

铅是人类从铅锌矿石中提炼出来的较早的金属之一。它是最软的重金属之一，也是比重大的金属之一，具蓝灰色，硬度 1.5，比重 11.34，熔点 327.4℃，沸点 1750℃，延展性良好，易与其他金属（如锌、锡、锑、砷等）制成合金。锌从铅锌矿石中提炼出来的时间较铅晚。锌金属具蓝白色，硬度 2.0，熔点 419.5℃，沸点 911℃，加热至 100—150℃时，具有良好压延性。锌能与多种有色金属制成合金或含锌合金，其中最主要的是锌与铜、锡、铅等组成的黄铜等，还可与铝、镁、铜等组成压铸合金。

水口山古代冶炼遗址

水口山铅锌矿实现了采矿、选矿、运矿的机械化。

随着矿井的增加和机械化设备的投入使用，水口山铅锌矿的采矿规模不断扩大，产量成倍增加。1917 年产铅砂和锌砂共计 3.78 万吨，比 1897 年增加 21.7 倍。特别是 1921 年，铅砂产量创历史新高，达到 10000 余吨，位居全球首位。同时，铅砂远销法、英、德、美、比利时、日本等国。因此，水口山被誉为“世界铅都”。

深厚的文化底蕴

除了拥有“宝山宝水”以外，水口山又充满了丰富的人文气息和艺术魅力，具有深厚的文化感染力，历来被许多文人墨客所称颂，留下了诸多很有文化品位的遗篇。

王闿运

“十里接银场，前代茭源曾置监；层楼压湘水，过江山色入凭栏。”这是清代湘学泰斗王闿运在“松柏楼”留下的一副楹联，它彰显了铅锌矿非同一般的文化价值。水口山银场还有对联云:“未金诚所感能开金石；兴山泽之利以致富强。”龙王山露采场流传着“仙姑献身救矿工”的感人故事，其北麓至今还留有清代文人留下的楷书体“聚宝盆”摩崖石刻，与龙王山南麓的“摇钱树”遥相辉映。曾经到此经营的矿业主为了求财，对山神、财神顶礼膜拜，祭祀仪式非常隆重。

◎**小贴士**

湖湘文化：湖湘文化在先秦湘楚文化中孕育，自南北朝及唐宋以来，由于历史的变迁发展，特别是经历了宋、元、明的几次大规模的移民，使湖湘士民在人口、习俗、风尚、思想观念上均发生了重要变化，先后产生了理学鼻祖周敦颐，主张经世致用的王船山，以及“睁眼看世界”的魏源等一系列思想家，从而组合、建构出一种新的地域文化形态。受这种文化影响，在近代造就了“湖南人才半国中”“中兴将相，什九湖湘”“半部中国近代史由湘人写就”“无湘不成军”等盛誉。毛泽东深受湖湘文化的影响：一是他的哲学，他的矛盾论和周敦颐的思想极为接近；二是他的实践论，是王船山思想的继续和发展。

清代“聚宝盆”摩崖石刻

在悠悠历史的长河中，水口山不断吸纳着日月星辰与时间的精粹，滋养着世代生活于此的人民，同时又氤氲着浓郁的历史气息、厚重的人文情怀，并蕴藏着独特的气质和精神力量。

水口山，这是一个充满色彩的地方，一个蕴含故事的地方。

二 古矿新机——廖树蘅父子的经营之道

陈宝箴的选人与用人

“乌帽东归弱水西，天涯云物怅分携。轻衫短策删丹道，榆叶秋风衬马蹄。”近代湖南矿业开拓者与奠基人、水口山矿务的开创者——廖树蘅，居然还是一位文豪。廖树蘅（1839—1923），字荪畡，湖南宁乡人，著名实业家，被誉为“影响中国经济现代化进程的十大湘学名人”之一，著有《珠泉草庐文录》《茭源银场录》《诗钞》等。

廖树蘅

早年，廖树蘅曾在岳麓书院和城南书院求学、讲学，后与湖南巡抚、维新

◎小贴士

城南书院：中国古代著名书院，位于湖南省长沙市天心区妙高峰下，现为湖南第一师范学院城南书院所在地。历史上，城南书院与岳麓书院齐名，是“朱张会讲”典故发源地。城南书院原是南宋大儒张栻父亲张浚在潭州的居所，绍兴三十一年（1161）建于南门外妙高峰，张栻和朱熹曾在此讲学论道。入元后废为寺。嘉靖四十二年（1563），长沙府推官翟台才在妙高峰寺下建得学堂5间。1903年，城南书院改制为湖南师范馆，即为今天的湖南第一师范学院。

派骨干陈宝箴结识，担任过陈家的家庭教师。在这期间，廖树蘅与陈宝箴、陈三立父子结下了深厚情谊。1896年廖树蘅由陈宝箴推荐担任水口山矿务总办，对水口山的发展起到了关键作用。

中日甲午战争，以中国完败而告终。1895年，清政府与日本签订了丧权辱国的《马关条约》，其中一条重要内容就是向日本赔偿军费二亿两白银。为了支付巨额赔款，清政府一方面大肆搜刮百姓财产，另一方面想着法要把一些效益好的私营企业收归官办。1895年10月，陈宝箴任湖南巡抚。上任伊始，就将目光瞄准了水口山这块矿藏宝地。

陈宝箴

湖南金属矿产资源丰富，开采起源

甚早，但发展缓慢，较少有计划、有规模开采。陈宝箴抚湘不久，就三湘富强问计熟悉地质地理的邹代钧。邹代钧认为湖南矿藏量丰富，可以“开矿求富”。为缓解财政拮据的状况，陈宝箴提出“五金矿产”不可废置，奏请清廷拟办湘省矿务，按照“官办”或者“官督商办”的经营方式先行选择煤、五金等矿设局试行开采。1895年4月24日，清政府批准陈宝箴设立湖南矿务总局的奏请：“该抚其悉

◎小贴士

陈宝箴（1831—1900）：字相真，号右铭，江西义宁人，系清末著名维新派骨干，地方督抚中唯一倾向维新变法的实权派人物。1851年乡试中举人，1860年入京会试未中。1862年往安庆谒见两江总督曾国藩，被尊为上宾，1865年被保荐觐见皇帝，授予候补知府。后历任湖北按察使、直隶布政使、湖南巡抚等职。1898年戊戌政变爆发，被光绪帝称为“新政重臣”，百日维新宣告失败后陈宝箴以“滥保匪人”被罢黜。陈宝箴、陈三立、陈衡恪、陈寅恪、陈封怀四代出五位杰出人物，后人称之“陈氏五杰”。

邹代钧（1854—1908）：字沅帆，湖南新化人，清末地图学家，中国近代地图学的倡导者和奠基人之一，中外彩色地图铜版印刷的创始人，曾教过光绪、宣统两代皇帝的书。著有《西征纪程》《湖北地记》《中国海岸记》等。

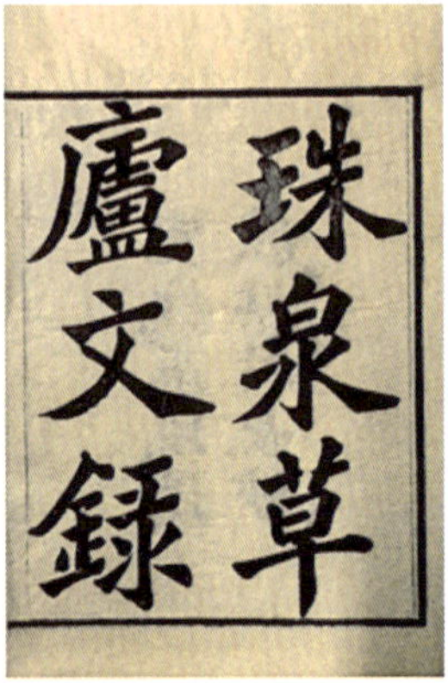

廖树蘅著《珠泉草庐文录》

心妥办，以观厥成。”

水口山矿是著名的古矿，开发历史悠久，但长期以来，由于缺乏组织，技术原始，导致山体破坏严重，给大规模开采造成了极大困难。如何在水口山“操办矿务”，以实施利国利民的自强之策？应该找一个什么样的人去具体做好这番事业？陈宝箴想到了早年在家中教书的“珠泉先生”——廖树蘅。“廖先生有经世之才，深谋远虑，责任心强，此事非他不可。”当时廖树蘅已经55岁，他既没有经营矿场的经验，更没有接触过采矿，但受好友重托，廖树蘅接下了担子。赴任前，他与陈宝箴“约法三章”，“一人授一策，他事不得掣肘。”也就是说希望各方都不要干预他的工作，以利于他一心一意办好矿业。

廖树蘅改“暗窿”为“明窿”

1896年4月上旬，廖树蘅带着长子廖基植从长沙到达水口山。水口山尽管有着悠久的开采历史，但当他到了水口山后却发现，这里状况不容乐观：老百姓随意开采，地痞横行霸道……因此，他上任后所做的第一件事，就是整

廖树衡来到水口山

治治安，清退驻扎在矿区的老百姓，腾出原本矿场的位置。此后，他和廖基植查看矿井，了解矿脉，询问老矿工以前的采矿事宜，逐渐摸清了水口山的矿脉蕴藏、民人开采等情况。

廖树蘅父子爬山进洞，足迹遍布整个矿区。当看到矿工恶劣的工作环境，低下的开采效率，内心十分震惊。廖树蘅虽没做过官，但熟读四书五经，深受湖湘文化影响，特别是有一种经世致用的思想，同时对西学也有一定的了解。他出于对矿工的同情，也是对自己事业的追求，决心改变传统的采矿模式。尽管没有采矿方面的专业知识，但这不足以难倒他。湖南人“吃得苦”“霸得蛮”“敢为先”，更何况前有曾国藩、左宗棠等先贤典范，读书人能练兵平定天下，亦可以开矿办实业兴国。

在深入了解的基础上，廖氏父子开始大胆创新，改进开采方法和改变冶炼方法。水口山矿石发掘此前一直采用“暗窿”土法开采的方式，通过挖掘隧道进入矿藏，开采越深，矿砂的取得与运输、地下水的排出就越耗费财力。特别是春夏两季，地表水和地下水在隧道内造成严重积水，阻碍正常开采。如当时在一名为“锡寿场”之地用土法开采，未开采多久便导致矿坑崩塌。这也是开采量一直上不去的原因。

廖树蘅命人用土法开采“明窿”。所谓明窿，就是露天采矿，在平地上开一个口子，宽深数十丈不等，四周凿成斜坡，以便人员上下。明窿的外延修筑泄水沟道，以防山水流入。明窿采矿时，“矿局仿效兵法部署，击鼓鸣锣，以统一作息；按左右上下，以分其出入，工序井然不乱，每日产出矿砂颇丰，数量达到三四百担。”这种采矿方式主要解决了地下矿井容易积水的问题，通过开凿明窿，把水聚到窿下，然后仿制中国传统的农用灌溉和排水的工具——龙骨车，进行排水。每辆龙骨车一昼夜需用工人4名。新的开采方式，不仅使矿脉看得更清，而且大大改善了

廖树蘅勘察矿情

工作环境，让矿工得以在阳光下干活，生命安全有了保障。另外，改原来的季节性开采为常年开采，用畜力进行运输，既可延长生产时间赚钱得利，又能提高生产效率。当他将新法呈报省局后，没想到反引起一片议论讥笑，认为有悖古法不可取，甚至连陈宝箴父子也有些怀疑。

但是，廖树蘅坚持要这样干下去。明窿工程从 1896 年 7 月动工，至 9 月完成，仅用 3 个月的时间就发现了大批矿砂。除归结于新的开矿方法外，还得益于百姓的大力支持。开矿之初，水口山当地正遇饥荒，百姓多挖白泥和野菜充饥，吃久了肚子胀大，死了不少人。廖树蘅见状急发救济，很多人因此免于被饿死。大家为感激他，纷纷参加开矿，奋力工作，因而速度不断加快，产量大增。

在廖树蘅的大力推动下，水口山选矿技术不断创新，工艺日臻完善，先后开设初选厂、敲砂厂、淀砂厂和滴尘厂，形成了开采、敲洗、抽水、冶炼、运输等各业务链条相互衔接、井然有序的现代化工矿业生产流程。除铅锌矿开采外，水口山银矿、硫磺等伴生矿也开始着手开采。1896 年，水口山矿实现了产铅砂 23 吨、锌砂 527 吨。为提高生产效率，1897 年他还对矿工肩挑手提的运输流程进行了大规模改进。据统计，在廖树蘅任期内，通过各类改革创造了巨大的经济效益，向湖南省府上缴利润 600 万两白银，占全省财政收入的 1/2 以上。

廖基植引“西法”替“土法”

廖基植 (1859—1914)，字璧耘，中国有色金属行业采用西法采矿 (即以蒸汽机、机械动力开采) 第一人。他于 1895 年随父廖树蘅到水口山协理矿务。1903 年，廖树蘅调任湘矿总局提调后，廖基植接办水口山矿，前后长达 16 年，费银 119 万两，获利在 600 万两以上。

1905 年，在廖基植主持下水口山矿开始采用机器排水，并在明窿法的基础上，由设计师夏估卿自行设计施工开拓老鸦巢一坑斜井。井筒内装设有锅炉、抽水机、吊车、铁轨，启用机械排水和运输矿石，建成机械重力选厂（俗称洗砂

◎小贴士

有色金属：狭义的有色金属又称非铁金属，是铁、锰、铬以外的所有金属的统称。广义的有色金属还包括有色合金。有色金属可分为重金属 (如铜、铅、锌)、轻金属 (如铝、镁)、贵金属 (如金、银、铂) 及稀有金属 (如钨、钼、锗、锂、镧、铀)。有色金属是国民经济发展的基础材料，航空、航天、汽车、机械制造、电力、通讯、建筑、家电等绝大部分行业都以有色金属材料为生产基础。随着现代化工、农业和科学技术的突飞猛进，有色金属在人类发展中的地位越来越重要。它不仅是世界上重要的战略物资，重要的生产资料，而且也是人类生活中不可缺少的消费资料的重要材料。

台）。同年，在松柏北面约2公里的地方开办炼锌厂，“初办时建筑炼炉二十四座，嗣后逐渐增至八十座，专炼整块锌砂。为了处理采矿附产的磺砂，又在本矿约一公里的黄土岭，建厂提炼硫磺。”与此同时，他又在长沙三叉矶设立炼锌厂，设炉20余座。在长沙六铺街设立黑铅炼厂，该厂以后发展至1000多名员工，是当时全国唯一采用西法的炼铅厂。由于廖基植办矿取得实效，有功实业，时任湖南巡抚岑春蓂上奏清政府奖其四等商勋，加五品衔。

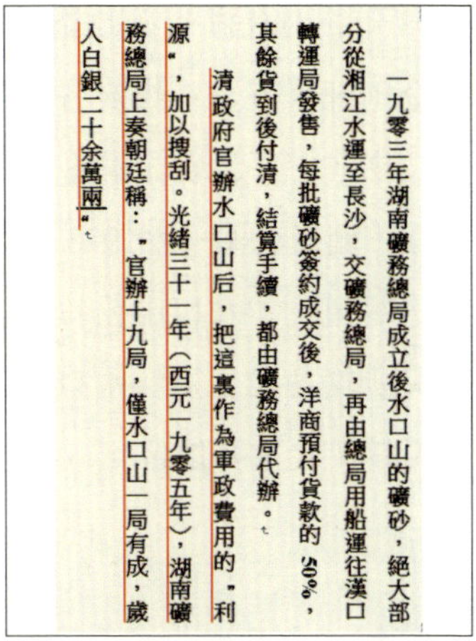
一九零三年湖南礦務總局成立後水口山的礦砂，絕大部分從湘江水運至長沙，交礦務總局，再由總局用船運往漢口轉運局發售，每批礦砂簽約成交後，洋商預付貨款的50%，其餘貨到後付清，結算手續，都由礦務總局代辦。

清政府官辦水口山后，把這裏作為軍政費用的"利源"，加以搜刮。光緒三十一年（西元一九零五年），湖南礦務總局上奏朝廷稱："官辦十九局，僅水口山一局有成，歲入白銀二十余萬兩"。

水口山是晚清官矿体中唯一盈利的矿山

1914年，廖基植不幸辞世，年仅55岁。鉴于廖基植对湖南矿业的特别贡献，应湖湘名流之请，时任湖南省政府主席、督军汤芗铭下令省府对廖氏家族进行了特别抚恤。

经过廖树蘅、廖基植父子十多年的艰难创业和不懈努力，水口山铅锌矿逐渐打造出了湖南有色金属探、采、运、销、贸、冶炼的一体化体系。它在湖南矿业乃至整个中国矿业中都占有醒目地位，也是当时湖南唯一赢利的矿山。

1908 年，时任湖南矿政调查局总理蒋德钧呈文农工部称当时全国开采五金、煤炭各矿唯有常宁水口山铅矿，新化锡矿山锑矿，平江黄金洞金矿三处卓有成效，而三处之中又以常宁铅矿为第一。1923 年和 1928 年湖南的《矿业杂志》中曾写道：“水口山铅锌一矿，蕴藏之丰，开采之善，为总局所辖各矿之冠。水口山乃省矿之霸王。”可见，水口山铅锌矿之重要地位。

三 黑金白银——“留洋”归来价更高

湘江水深长江远，去国万里渡重洋

工业革命后，欧洲进入了蒸汽时代，科学技术日新月异。而中国不进反退，仍沉迷于天朝上国的虚幻泡影中。鸦片战争后，中国大门逐渐被打开，各列强国家先后盯上了这个有4亿人口的巨大市场，还有丰富物产的大原材料基地。

方铅矿石

水口山铅锌矿是一座富矿，易于开采，矿砂质量好。同时铅锌又是重要的工业建材，特别是军工产业不可或缺的原料。因此，在时局动荡、战乱频

铅锌矿石

发的19世纪末到20世纪上半叶，铅、锌等有色金属便成为各国开发、抢购的重点矿产品。有“黑金白银”之称的铅砂（黑色）、锌砂（白色），自然成为列强砧板上肥肉，任其宰割。

俗话说，弱国不仅无外交，在政治、经济、文化等各方面都会遭受欺凌。列强始终把中国置于其原材料供应国的地位，想尽办法从中国榨取经济利益。湖南的有色金属是重点关注的产品，尤其是水口山丰富的铅锌矿，成为各国垂涎和掠夺的对象。法、英、德、美、比、日等国先后渗入，他们争先恐后地与湖南相关机构订立矿砂专卖合同或者签订有一定权益保证的条约。这些合同、条约的最大特点是收购价格低而量大，并且时间周期较长，往往还有垄断的含义。

当时，水口山所产铅锌除极少部分供省内冶炼外，绝大部分外销，价格完全受外商操纵。这些矿砂经湘江水运至长沙，交湖南矿务总局，再运往汉口“驻鄂湘矿转运局”出售，每批矿砂签约成交后，洋商预付货款的50%，其余货到后付清。1897年，法国华利公司的代表勾结湖南矿霸欧阳栋、朱道濂订立合同，将水口山出产的铅锌矿砂全售给华利公司，从中获取利润。欧、朱二人是通过清朝原驻法代理公使陈季同的牵线搭桥，认识了华利公司的代表戴玛德。欧、朱二人只会勾结官府作威作福，本人更没见过世面，被戴玛德一顿忽悠，签订了条件极为不利的条约：矿砂只能由法商购买，105斤为一担，定价银一两二钱，永不准涨价，每年必须交付5万担。售卖条约竟然未向湖南巡抚衙门呈报，但法国领事却已签字同意。

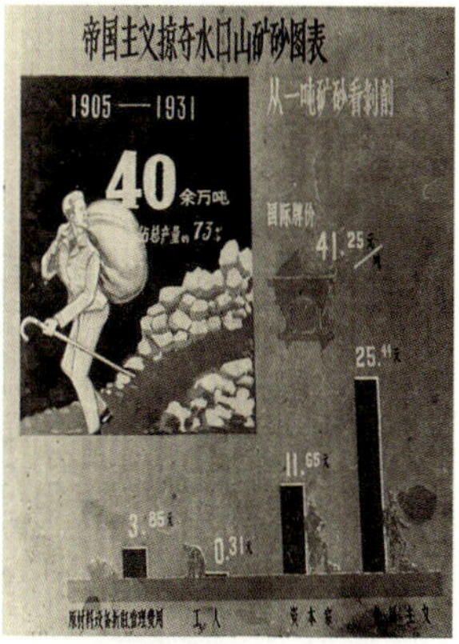

帝国主义掠夺水口山矿砂图表

这件事传到了湖广总督张之洞的耳里。张之洞深知开矿不易，洋商收矿砂价格极低，有害无利。陈季同、欧阳栋、朱道濂等人实属卖国行为，理应抓捕查办。但是办不到呀！为什么呢？因为陈季同是李鸿章幕僚，一直在办理

◎**小贴士**

洋行：1840年后，列强在中国取得居住、经商、内河航运等一系列的经济特权。而洋行则是这些特权的受益者，是列强在中国开办的商业间谍机构。一方面在广袤的中国土地上巧取豪夺各种土特产、矿产等，倾销列强的工业产品，打压民族资本主义经济发展；另一方面，洋行还充当间谍的角色，刺探中国的经济、地理、军事等各方面的情报。

向各国借款的事宜，往往夹带很多私利，李鸿章对此也报以默许的态度。张之洞只得把这事儿告诉陈宝箴，仅把欧、朱二人查办。湖南爱国士绅、民众知道此事后也极为愤怒，纷纷表示抗议。此后，陈宝箴又派人去上海和法国领事交涉谈判，最终取消了售卖条约。同年，湖南省矿务局重新与英国亨达利洋行签订了购销铅砂合同。

中国的地位和晚清腐败的官僚制度体系，注定了矿砂被列强肆意贱买的命运。1903 年，亨达利洋行派人来湖南，谈判收购锌砂的事宜，最后签订了 1 万吨的合同，总价 19 万两白银。这个价格与此前欧阳栋、朱道濂贱卖矿砂的价格差不多。可以说，1903 年以前外销的矿砂，90% 以上是亨达利洋行所购买。矿砂价格本就十分低廉，而亨达利洋行又再将价格压低。后来亨达利洋行因开采煤矿亏本，将购买铅砂的合同转让给德国礼和洋行。1904 年，礼和洋行接手后，开始不守合同约定，私下勾结地痞孙完尧、钟悦堂等人，霸占龙王山一带田地，阴谋圈地，并通过挖地道的方式，偷盗水口山的矿产资源。列强商人眼里只有利润，即使矿砂价格已经很低了，仍想通过非

德国人阴谋掠夺矿产资源

法手段，不花钱取得矿砂。常宁地方衙门发现后，拘押了私自卖地给礼和洋行的钟悦堂，收回了田地，使德国直接掠夺水口山铅锌矿的美梦破灭。

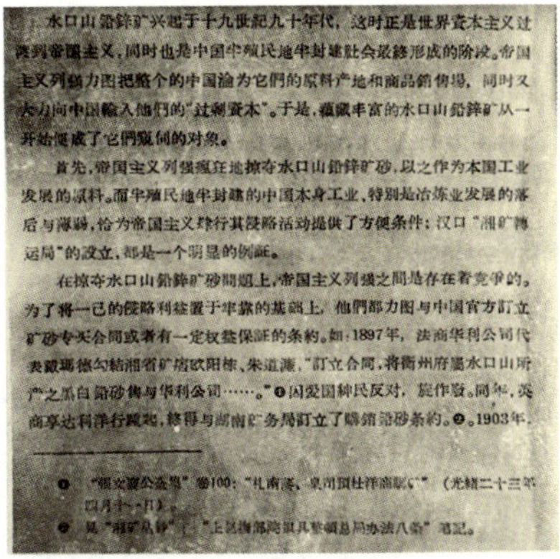
水口山鉛鋅矿兴起于十九世紀九十年代，这时正是世界資本主义过渡到帝國主义，同时也是中国半殖民地半封建社会最終形成的阶段。帝国主义列强力图把整个的中国淪为它們的原料产地和商品銷售場，同时又大力向中国輸入他們的“过剩資本”。于是，蘊藏丰富的水口山鉛鋅矿从一开始便成了它們覬伺的对象。

首先，帝国主义列强瘋狂地掠夺水口山鉛鋅矿砂，以之作为本国工业发展的原料。而半殖民地半封建的中国本身工业，特別是冶炼业发展的落后与薄弱，恰为帝国主义肆行其侵略活动提供了方便条件：汉口“湘矿轉运局”的設立，都是一个明显的例証。

在掠夺水口山鉛鋅矿砂問題上，帝国主义列强之間是存在着竞爭的。为了将一己的侵略利益置于牢靠的基礎上，他們都力图与中国官方訂立矿砂专买合同或者有一定权益保証的条約。如：1897年，法商华利公司代表戴瑪德勾結湘省矿局欧阳柱、朱道濂，“訂立合同，将衡州府属水口山所产之黑白鉛砂售与华利公司……。”❶因受国紳民反对，旋作罢。同年，英商亨达利洋行闻知，終得与湖南矿务局訂立了購銷鉛砂条約。❷。1903年，

❶ “[illegible]”卷100：“[illegible]”（光緒二十三年四月十一日）。

❷ 見“湘矿[illegible]”[illegible]“[illegible]办法八条”[illegible]。

英、德订约垄断矿源

1906 年，礼和洋行以湖南省矿务总局在1896年与亨达利洋行订立的销售3万吨锑矿合同没兑现为由，要挟矿务总局与其订立销售3万吨白铅砂的合同。1911年，再次订立了4万吨白铅砂合同，没有时间期限，交完为止。与此同时，德国瑞记洋行、隆记洋行、多福洋行，英国安利英洋行，美商太平洋实业公司，比利时湘江、湘利公司等也先后与湖南省矿务总局订立了不同额度的铅锌矿砂采购合同。这些洋行购买矿砂后，将其运回本国加工。日本人更是觊觎水口山资源已久，借与袁世凯签订“二十一条”之机，提出长期租采矿山之议，并秘密派出三井洋行技术人员探察矿情，因当时北洋政府的不允许下窿参观，未能实现其阴谋。在内外双重盘剥之下，水口山矿务局只能艰难维持生存。

洋人炉里铅锌炼，价值翻倍我无缘

第一次世界大战期间，同盟国与协约国打得不可开交，涉及参战人口达数亿，数以万计的军队相互厮杀，消耗的武器弹药不可估量，极大地推动了军工产业的发展。而作为军工产业原材料之一的铅、锌等矿砂及成品，自然水涨船高，一时间价格飞涨。水口山矿业进入“黄金时代”，矿砂供不应求。但是，当时的局面是大部分矿砂都被洋商收购，且价格极低。面对这一难得的机遇，湖南省矿务局曾想和各洋行重新谈判定价，但各洋行坚决不同意，仍以低价购买。

由于我国冶金工业的落后，有色金属成品只能依靠大量进口，而其成品价格往往是矿砂价格的十倍以上，甚至

◎**小贴士**

第一次世界大战：1914 年 7 月 28 日至 1918 年 11 月 11 日，简称“一战”，是在 19 世纪末至 20 世纪初，各帝国主义为重新瓜分世界和争夺全球霸权而爆发的一场非正义的战争。战争过程主要是同盟国和协约国之间的战斗。大约有 6500 万士兵参战，1000 多万人丧生，2000 万人受伤。第一次世界大战给人类带来了深重灾难，但在客观上促进了科学技术的发展。最后以协约国的胜利而结束，英法等欧洲强国开始衰落，美国、日本趁机崛起。

是几十倍。众所周知的汉阳兵工厂，其作为我国重要的军事生产企业，对于包括铅、锌、钢、铁等在内的金属需求较大，却只得常年向德国礼和，美国最时、禅臣等洋行订购。为了降低成本，汉阳兵工厂采取投标的方式进行购买相关产品，想以较低的价格购买材料。但参与投标的洋行勾结在一起，彼此商定投标价格，实施“串标”。结果开出的所谓“最低价”，实际上却并不低。

矿砂加工为成品的利润绝大部分都被列强拿走，而且还利用各种手段来提高产品的销售价格。所以，这时期水口山采掘出的铅锌，在某种程度上来说只是为列强作嫁衣。当然，在这过程中水口山铅锌矿也积累了一定的开采技术，为我国的采矿业发展奠定了基础。

四 列强觊觎——矿产资源抢夺战

八国联军侵华之后，列强凭借《辛丑条约》的签订，要求中国矿业由华洋合办。一时间诸国矿商群集上海，洋行收买的湖南矿产已达七八千契，外国矿师频繁往来于洞庭衡岳之间，湖南矿产资源面临被外国资本家侵吞的危险。水口山铅锌矿作为世界级的矿山自然也成为列强眼里的肥肉，想把它吞下。英、法、日、德、美、比等国都伸出了爪牙，但并没有完全得逞，在国人的共同努力下，水口山矿绝大部分时间都是在中国人自己的掌控之下。

帝国主义国家把魔爪伸入矿区

◎**小贴士**

《辛丑条约》：中国清政府代表奕劻、李鸿章与英、美、俄、法、德、意、日、奥、比、西、荷十一国外交代表于光绪二十七年（辛丑年）七月二十五日（1901年9月7日）在北京签订的不平等条约。《辛丑条约》有中法两种文本，以法文本为准，共有12款，另加19个附件。该条约被认为是中国近代史上失权最严重的不平等条约。《辛丑条约》的签订，进一步加强了帝国主义对中国的全面控制和掠夺，表明清政府已完全成为帝国主义统治中国的工具，标志着中国已完全沦为半殖民地半封建社会。

英美等国暗箱操作——终大白于天下

1919年，北洋段祺瑞政府任命张敬尧为湖南督军兼署省长。张敬尧督湘后，实行残暴统治，肆无忌惮地鲸吞湖南人民的财富，想着法儿把家底卖光，水口山的铅锌矿自然就被盯上了。他曾与英国商人格兰特秘密勾搭，出卖全省的矿权，被曝光后遭到全省人民的反对而作罢。时任水口山矿务局局长张荣楣向张敬尧出主意，提出可以采取变通的法子与洋商合办炼锌厂。于是，张荣楣暗地里勾结水口山聘请的德国工程师韦佳克，秘密运作牟取暴利的事情。韦佳克向张荣楣介绍了一些美国不法商人，并派出工程师前来水口山实地勘探，结果是对水口山的矿产资源极为满

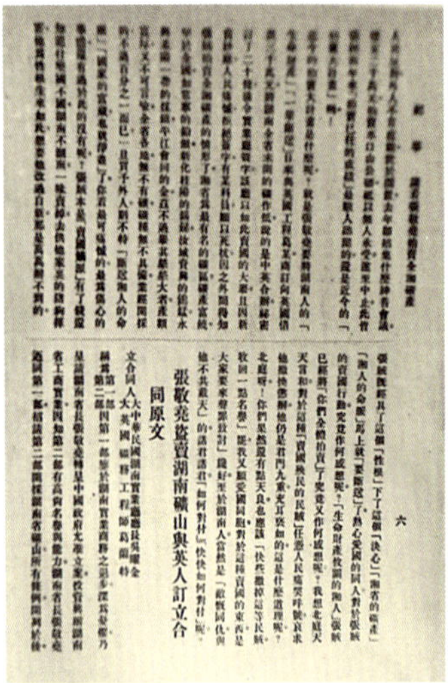

六

張敬堯盜賣湖南礦山與英人訂立合同原文

张敬尧售卖矿权合同的报道

意。张荣楣与张敬尧商量之后，便与美国太平洋实业公司以合办长沙黑铅炼厂为名，订约将水口山矿砂以极低的价格全部卖给该公司。

1919 年 12 月 12 日，张荣楣与美商在北京秘密签订草约，期限为 5 年，到期后可再续 10 年。合同期内，水口山开采的白铅砂必须全部卖给合办的冶炼厂，每吨铅砂定价 10 美元。草约签订的当天，美商交给张荣楣 6 万美元，待合同正式签订后，再给美金 14 万元。也就是说张荣楣、张敬尧用仅仅 20 万美元就将水口山锌矿砂卖给了美国人。

◎小贴士

张敬尧（1881—1933）：安徽霍邱县人，北洋皖系军阀骨干。历任江西南昌镇守使、第二路军司令等职。1918年3月至1920年6月任湖南省督军，因贪婪残暴，遭到湖南人民的强烈反对被迫辞职。1932年与板垣征四郎勾结，参加伪满州国政府，密谋在北平进行暴动，策应日本关东军进占平津。1933年5月7日，戴笠派蓝衣社特工锄奸，在北平东交民巷的六国饭店将其暗杀。

衡阳驱张代表团及其编印的《蒸阳请愿录》

出卖水口山矿产之事是见不得光的。湖南人民的爱国护矿之心无比强烈，密约被曝光之后，遭到了全省人民的强烈反对。毛泽东亲自前往北京开展驱逐湖南督军张敬尧的斗争，并起草《湘人力争矿厂抵押》一文呈府院部，揭

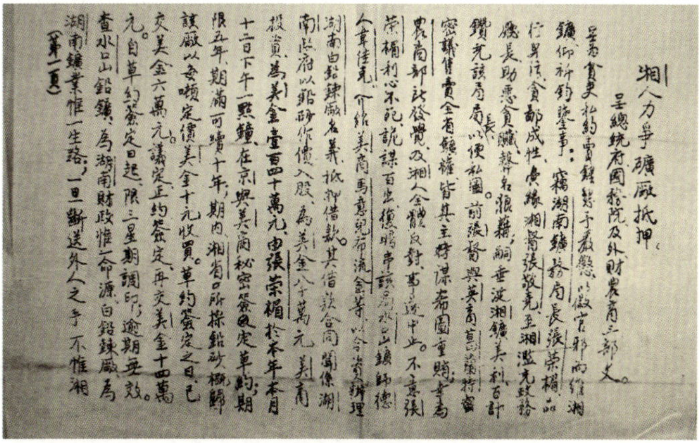
湘人力爭礦廠抵押
呈總統府國務院及外財農商三部文。
呈為貪吏私約賣礦，懇予嚴懲，以儆官邪而維湘礦，仰祈鈞鑒事：竊湖南礦務局長張荣楣，品行卑污，貪鄙成性，夤緣湘督張敬堯，至湘濫充政務廳長，助惡貪贓，聲名狼藉，嗣垂涎湘礦美利，百計鑽充該局局長，以便私圖。前張督與美商直接密議售賣全省礦權，皆其主持謀畫，希圖重賄，妄為農商部所發覺，及湘人全體反對，事遂中止。不意張荣楣利心不死，詭謀百出，復鳴串該局水口山礦師德人韋律克，介紹美商馬意克布流金等，以合資辦理湖南白鉛鍊廠名義，抵押借款。其借款合同，開列湖南總府以鉛砂作價入股，為美金八十萬元。美商投資，為美金壹百四十萬元。由張荣楣於本年本月十二日下午一點鐘，在京與美商秘密簽定草約，期限五年，期滿可續十年。期內湘省口所採鉛砂，概歸該廠以每噸定價美金十元收買。草約簽定之日，已交美金六萬元。議定正約簽定，再交美金十四萬元。自草約簽定日起，限三星期調印，逾期無效。查水口山鉛礦，為湖南財政惟一命源，白鉛鍊廠，為湖南礦業惟一生路，一旦斷送外人之手，不惟湘
（第一頁）

《湘人力争矿厂抵押》原文

露张敬尧贪污受贿，不惜将水口山矿产权拱手交给外国人的阴谋。一时舆论哗然，张敬尧被迫取消其合约，湖南人民驱张运动形势不断高涨，次年张敬尧就被赶出湖南。

最早的“套路贷”——向日本借款

水口山铅锌矿每年出产的铅锌砂矿占世界总产量的三分之一左右。日本是一个岛国，资源贫瘠，且作为后起的资本主义强国，十分缺乏各类矿产工业原料。水口山铅锌矿是被日本盯上的众多矿产之一，也是“中日合办”的密谋之一。

明治维新后，日本国力渐盛。《马关条约》中国向日本赔款2亿两白银，相当于日本7年的财政收入，更是助长了日本的发展。其国内资本富足之后，把目光投向了中国，通过各种方式渗透进中国内地。1911年，武昌枪响，民国了。谭延闿出任湖南军政府都督，在军需浩繁、湖南财政困难的情况下，谭延闿却为政治投机筹集白银30万两上交南京政府，得到了南京政府的嘉奖。随后谭为填补财政窟窿，即要求下属从矿务方面设法筹款，于是政府遂派员与三井洋行订约贱卖水口山铅锌矿矿砂，从而获得日方预交的30万日元定金（约合40万现洋），幸而随后湖南时局发生变化，日方未能从水口山拉走矿砂。

此后，日本又向袁世凯提出了臭名昭著的“二十一条”，企图全面控制中国，包括攫取各种矿产资源。对于日本的企图，中国并不是不清楚，但内外交困，饮鸩止渴。中国开发矿藏资源的过程中，首先是借款维持经营，其次是与外商合办，最后是由外商独立经营。而日本向中国各类借款过程中则是首先谋求日商独自经营，其次是中日合办，最后是由中国经营。中日策略的优先顺序则是完全相反。

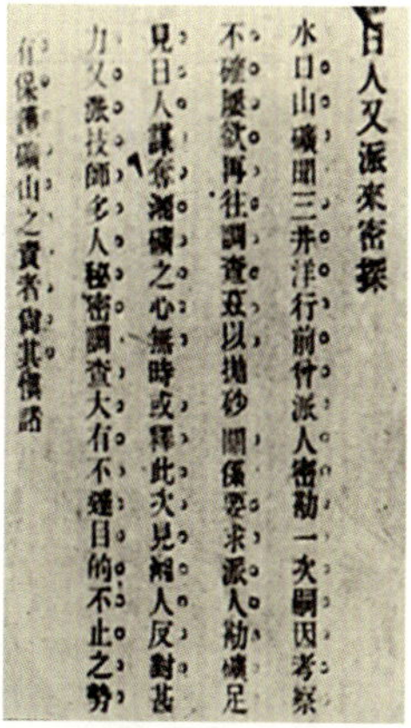
日人又派來密探
水口山礦聞三井洋行前什派人密勘一次嗣因考察不確屢欲再往調查亟以礦砂關係要求派人勘礦足見日人謀奪湘礦之心無時或釋此次見湘人反對甚力又派技師多人秘密調查大有不達目的不止之勢有保護礦山之責者曷其儆諸

日本三井洋行派人秘密来水口山勘探矿源

1916年9月9日，当时的北京政府的财政总长陈锦涛、农商总长谷钟秀和日本兴亚公司代表永滨、本田二人签了一个借款合同。向日本借款500万元，作为经营“太平山、

◎小贴士

“二十一条”：第一次世界大战期间，日本趁欧美各国无暇东顾的时机，图灭亡中国的秘密条款。1915年1月18日，日本驻华公使日置益觐见中华民国的大总统袁世凯，递交了要求的文件，以威胁利诱的手段，企图把中国的领土、政治、军事及财政等都置于日本的控制之下，这些条款被称为中日“二十一条”。1922年的华盛顿会议上部分条款被废除。随后条约内容不断被改写，直至1945年日本在第二次世界大战中失败后彻底废除。

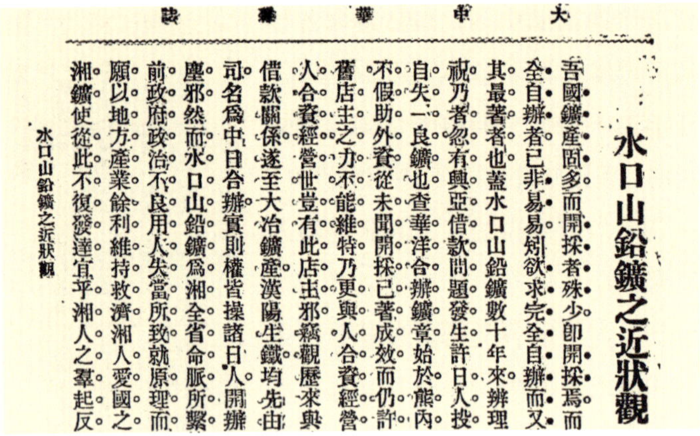

大 中 華 雜 誌

水口山鉛鑛之近狀觀

吾國鑛產固多而開採者殊少即開採焉而全自辦者已非易易矧欲求完全自辦而又其最著者也蓋水口山鉛鑛數十年來辦理視乃者忽有興亞借款問題發生許日人投自失一良鑛也查華洋合辦鑛章始於熊內不假助外資從未聞開採已著成效而仍許舊店主之力不能維特乃更與人合資經營人合資經營世豈有此店主邪竊觀歷來與借款關係遂至大冶鑛產漢陽生鐵均先由司名爲中日合辦實則權皆操諸日人開辦壟邪然而水口山鉛鑛爲湘全省命脈所繫前政府政治不良用人失當所致就原理而願以地方產業餘利維持救濟湘人愛國之湘鑛使從此不復發達宜乎湘人之羣起反

水口山鉛鑛之近狀觀

《大中华杂志》反映日本人掠夺水口山资源

水口山”矿业的资金。这个时候日本人玩起了“套路贷”，每 100 元，实际只到账 96 元，那么 500 万元，实际上只借了 480 万；并且年息 6 分即每年的利息是 30 万。即使日本这样贪婪，不公平，北京政府仍向其借款。可以说这些日本人便是现在“套路贷”的鼻祖了。

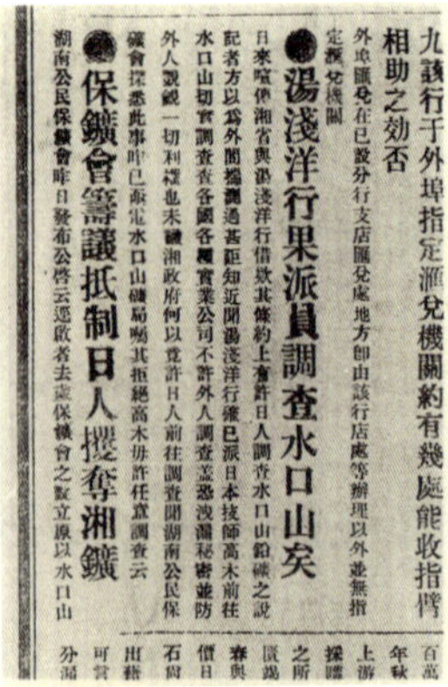

九該行于外埠指定滙兌機關約有幾處能收指
相助之効否
外埠匯兌在已設分行支店匯兌處地方即由該行店處等辦理以外並無指定滙兌機關

湯淺洋行果派員調查水口山矣

日來喧傳湘省與湯淺洋行借款其條約上有許日人調查水口山鉛礦之說記者方以爲外間揣測過甚距知近聞湯淺洋行確已派日本技師高木前往水口山切實調查各國各國實業公司不許外人調查蓋恐洩漏秘密並防外人覬覦一切利權也未識湘政府何以竟許日人前往調查聞湖南公民保礦會探悉此事已函定水口山礦局囑其拒絕高木毋許任意調查云

保鑛會籌議抵制日人攫奪湘鑛

湖南公民保鑛會昨日發布公啓云逕啟者去歲保鑛會之設立原以水口山

《大公报》发表文章抵制
日本掠夺矿产资源

应该说日本人已经占了大便宜，可是他们不厚道，还强求水口山铅锌矿要由中日合办，矿山要长期租采。并且要求中国政府负责将来合办水口山铅锌矿的时候，对铅锌矿已有的机械设备进行折价，作为合资资产。北京政府对这些并不在意，只注重其中一点，那就是日本对500万元借款的详细用途不干涉。当然，北京政府也要起了心机，计划是向日本借款8500万元，而这500万只是其中的一部分；而8500万借款必须成功之后，才能与日本合办铅锌矿。但不管怎样，都显示出北京政府将水口山的矿权当作借款的抵押。后来巴黎和会和谈失败，全国范围内掀起了五四爱国主义运动，合办铅锌矿不了了之，也就意味中日合办水口山铅锌矿的密约破产。

五　夹缝生存——一对铅锌姊妹花

湖南黑铅冶炼厂

自1896年水口山开矿以来，绝大部分矿砂都贱卖给洋商，洋人们获利巨大。据1929年5月湖南地质调查所发行的《湖南矿业纪要》显示：1912年至1923年，洋商以平均每吨25.8两、8.8两白银的低价购入湖南铅砂7.8万吨、锌砂25.56万吨，又以每吨154两、237两的高价将8.28万吨铅、1.64万吨锌产品卖给中国，共赚取利润1239万两白银。湖南政商等各界不乏有识之士，知晓此中的得失，实施了一系列“挽救”措施，试图挽回损失。

岑春煊是晚清的一位能臣干将，也是一朵奇葩。他不像其他官僚那样大搞贪污腐败，而是整顿官场，严惩贪官，所以有“官屠”之称。同时，他也积极支持维新运动，并创办了山西大学堂。1908 年，他担任湖南巡抚后，了解到水口山的铅砂价格长期受到外商操纵，徒给别人作嫁衣，亦并非长久之计。于是他下令湖南矿务总局筹办湖南黑铅冶炼厂。同年 12 月，湖南矿务总局派曾在汉阳兵工厂任过职、且有办实业经验的田芸生负责筹建冶炼厂，派厂总工程师江顺德赴美国亚里士沽马公司购买机械设备。这两人办事非常认真，经过一番周折，终于预定到了开办炼铅厂所需的机械设备，共花费美金 44000 余元，白银 1500 两。

岑春煊

20 世纪初，随着大型海轮启用，世界交通运输业有了较大的发展。但从美国到中国，经海陆仍需要费时数月之久。货物即使抵达我国沿海港口，再将其转运至内地，也需要相当的时日。因此，直到 1909 年，机械设备才陆续抵达。湖南黑铅厂选址在长沙城南门外六铺街铜元局附近空旷的地方，除主要机械设备由国外购买，一些零部件则由湖南造币厂及平江金矿局借拨。

该厂设有冶炼炉座，内分：烘砂部，鼓风炉部，净铅部，提银部，提金部，助炼部，烟巷部，化验部。原动力机关设备有：直立式锅炉 4 座；进炉水机大小 2 座；压砂台部

湖南黑铅炼厂烘砂炉

有 20 匹马力的卧式单汽缸机 1 部；烘砂锅部有 15 匹马力卧式双汽缸机 1 部；鼓风炉部有 15 匹马力卧式单汽缸机 2 部；净铅炉部有五匹马力竖式汽缸机 1 部。抽水设备有：抽水机 1 座，进水管径为 4 英寸。设钢炉房 1 间，内有直立锅炉 1 座，进水机 2 座。冶炼机械设备有：鼓风机 3 座，

◎小贴士

瓦特：由对蒸汽机发展做出重大贡献的英国科学家詹姆斯·瓦特（James Watt）的名字命名。这一单位名称首先在1889年被英国科学促进协会第2次会议采用。1960年，国际计量大会第11次会议采用瓦特作为国际单位制中功率的单位。人们常用功率单位乘以时间单位来表示能量。瓦特的定义是1焦耳/秒（1J/s），即每秒转换、使用或耗散的（以焦耳为量度的）能量的多少。

齿压机 2 座，砂磨机大小 2 座，烘砂锅 8 座，反射炉 2 座，除灰吹炉、蒸馏炉各 2 座。此外，还有制造机械的大小设备，如木型、翻砂、锻造、钳、焊等工具一应俱全。总体来看，湖南黑铅厂规模虽不大，但基本能满足生产的需要。

1910 年 5 月，厂方从水口山运了 1000 吨粗矿砂，湖南黑铅厂当时的日处理能力是 50 吨，也成为全国第一家也是唯一的西法炼铅厂。可惜的是由于技术、经验不足，开炉 5 个月后就停止了冶炼。

第一次世界大战期间，由于铅是重要的军工原料，价格不断高涨。当时的湖南都督公署决定恢复炼铅，但工厂人才流失严重，生产经常停顿。1924 年转为民营，但不久也因亏损而停工。1927 年再次收回官办复工，定名为“湖南黑铅炼厂”，生产走向正轨。1927—1937 年间是黑铅厂最为鼎盛的时期，共生产纯铅 2.28 万吨。1940 年，黑铅厂迁往常宁松柏，又称“松柏炼铅厂”。此处交通便利，矿砂从水口山用火车运到后，便可直接冶炼，既节省运费，又降低成本。1944 年日军进逼衡阳，水口山沦陷，厂房设备破坏殆尽，

湖南黑铅炼厂生产的银锭

水口山第三冶炼厂

生产全部停产。直到 1952 年，炼铅厂才重新恢复生产，改名为“水口山矿务局第三冶炼厂”，这里产出了新中国第一锅铅。

湖南炼锌厂

水口山矿藏以铅、银、锌、磺四种为主体。所产黑铅已有黑铅炼厂自行提炼。唯锌砂一种，向来售与外国人，倍受操纵。在松柏虽有数个土炼锌厂，规模甚小，产量不大。由于锌块关系到军事用途，尤其是纯锌既可做电池等民用之需，更是用作军工生产枪炮子弹壳合金的材料，政府于是欲图补救，准备自行设厂提炼。

早在民国初年，湖南矿务局曾请德国工程师韦加克在长沙灵官渡水口山矿务局堆栈试用西法炼锌（即横罐炼锌）。横罐炼锌成功的首要条件是研制出能耐1300摄氏度高温的炼罐。韦加克虽是外国人，却是个“水货”，经过半年的尝试，花费白银60万两，但用来炼锌的横罐耐热度始终没有达到要求，无法用来炼锌，最后以失败告终。这样，炼锌厂初创没有成功，但相关机械和失败经验，却是后来成功炼锌的重要基础。

在很长一段时间内，湖南炼出的锌纯度不高，常被当作废料，弃置一旁，达数万吨。到1930年初，省内出产的一吨锌矿石的出口卖价甚至不及一担大米的价格，有的时候竟然低至每吨仅值当时货币的五六元。而中国贱价卖出的锌矿石，运往外国后，经过加工提炼，制成成品，再又运至我国市场销售，洋商故意卡价，获利很大，国民十分气愤，纷纷要求自己设厂提炼，以免利权外溢。

湖南省建设厅一方面迫于形势，另一方面鉴于国内需锌迫切，调任长沙黑铅炼厂总工程师饶湜筹建湖南炼锌厂，担任厂长兼总工程师。1932年底，在火法横罐炼锌成功的基础上，饶湜选址湘江西岸三汉矶，正式建设湖南炼锌厂。经过一年多的建设，炼锌厂厂房竣工，机械设备安装完成，“湖南炼锌厂”正式挂牌。1934年7月26日，饶湜运用火法横罐炼锌炉炼出了我国第一炉锌。

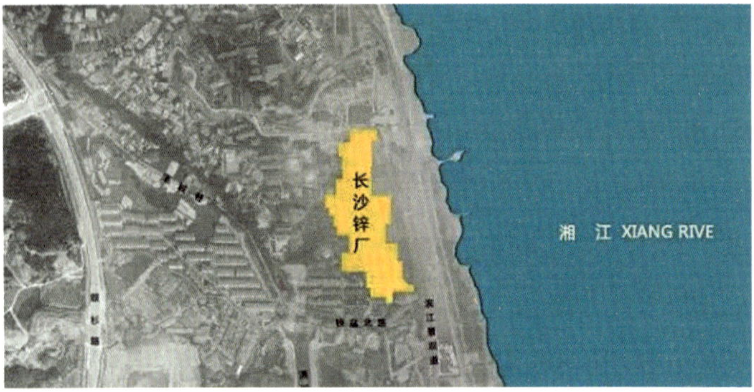

原湖南炼锌厂（长沙锌厂）的地理位置

湖南炼锌厂前临湘水，交通便利。厂内原动力部均系煤气发动机，130 和 140 马力的煤气引擎各 1 部，20 和 60 千瓦直流发电机各 1 部，5、21、40 马力马达各 1 部，30 马力柴油机一部。洗砂机件包括计夹砂机 1 部，碾砂机传递机各 2 部，团砂机 3 部，双叶及单叶离心抽水机各 1 部，水力分机 1 组，威氏洗床机 8 部，鼓形磁选机 2 部，以及

◎小贴士

马力：工程技术上常用的一种计量功率的常用单位。由蒸汽机的改进者詹姆斯·瓦特命名，用来表示他的蒸汽机相对于马匹拉力的功率，它的定义为“一匹能拉动33000磅并以每分钟1英尺走动的马所作的功率”，并且使用瓦特（W）或千瓦（kW）作为标准单位。英国、美国等一些国家采用的是英制马力。1英制马力等于550英尺·磅/秒，等于745.7瓦特。

湖南鍊鋅廠開幕

每月鍊砂三百噸產鋅七百石

（長沙快訊）湖南鍊鋅廠、籌備已逾兩載、擇定三汊磯房屋爲廠址、建築設備、雖早已就緒、但內部機件、則尚未辦備齊全、故亘兩年之久、始於本月念六日上午九時、在三汊磯本廠、舉行開幕典禮、到者有省府主席何鍵、建設廳長余籍傳、財政廳長張開璉、暨省黨部委員黃家聲等、及各界領袖、共二百餘人、由該廠饒（湜）工程師、引導各長官黨委來賓等、參觀廠屋機器後、即依照儀式、舉行開幕典禮、首由建設廳長余籍傳、報告成立該廠之意義、及情形如下、略謂吾湘鑛產蘊藏甚富、金銀鋅鉛錫鎢、無一不有、而尤以水口山所產之鋅鉛鑛、爲最著、該處出產之鉛砂、已有鍊鉛廠、可資冶鍊、其所產之鋅砂、噸量較鉛砂多逾二倍、在前曾於松柏設廠冶、惟用土法、耗煤特多、成本甚昂、鍊獲之鋅、含礦太多、不適展片之用、以故推銷甚難、又因土法烘爐欠良、致水口山洗砂廠洗出之鋅碎砂、不能處理、日積月累、堆積不下數萬噸、七八年間、公鑛局、籌備西法鍊鋅、耗銀六七萬元、費時一年有餘、終以事業艱劇、未得觀成、迨至二十一年、湘政府與軍政部簽訂合約、由軍政部墊款十二萬元、即於二十一年十一月、成立鍊鋅廠籌備委員會、開始工作、茲當開幕之日、特將籌備經過、簡單報告如下、一、廠址選擇三汊磯、地勢甚高、交通便利、二、廠屋建築、大小共二十餘棟、費銀四萬餘元、三、機械設備、費洋四萬餘元、四、爐座建築費、計銀一萬二千餘元、六、經濟狀況、本廠預算工程事務兩費、共列二十一萬三千餘元、截止現在止、共支事務費二萬五千元、工程費十六萬三千元、惟依據現在設備、每月僅能鍊毛砂三百噸、約產純鋅七百石、按之工場經濟原則、產量愈多、成本愈輕、是本廠欲求營業有發展、勢非達到月鍊砂八百噸不可、惟月鍊八百噸、爐座方面、倘須添建烘砂、蒸餾爐各一座、據總工程師云、發生之硫烟、可用以製廠硫酸、將來財

1934 年 8 月 2 日《民报》报道湖南炼锌厂建成生产的消息

修理用车床、钻床、锥床等。至于炉座，有烘砂炉、蒸馏炉各 2 座，反射炉 6 座，供罐炉 1 座。

投产后，湖南炼锌厂年生产能力达到了 700 余吨，年盈利 2 万银元，成为当时湖南小有名气的工矿企业之一。1942 年该厂炼制锌片成功，增设了碾片部，有力地改变了锌片此前“贱卖贵买”的局面。

除了官办企业外，私营企业也参与到炼锌事业中来。1941 年，上海私营国泰实业公司在衡阳创办国泰颜料厂，以生产白色颜料氧化锌（锌白粉）为主，同时生产黄丹、红丹、普蓝、橘黄、群青等颜料。中华人民共和国成立后，湖南炼锌厂更名长沙锌厂，并进行了改扩建。

六 苦难觉醒——毛泽东与水口山的渊源

矿工的苦难生活

19世纪末20世纪初，水口山矿在管理上推行“把头制”和“监工制”的封建剥削制度，在经营上依赖外国人，大搞买办活动。在封建官僚和帝国主义双重剥削掠夺之下，最苦的就是矿工群体。例如：矿工在极为恶劣的生产环境中，每天要下井达14小时以上。大多数矿工只是在腰间围了一块破布，四肢着地，驮着一个个装满矿石的箩筐，在粉尘弥漫、空气污浊的坑道中艰难地爬行。因为长年累月的劳作，加上工作环境极差，很多矿工患有“窿哈病”（铅中毒）。这些矿工骨瘦如柴，

矿工手提简陋桐油灯在矿洞内摸索前行

双眼凹陷，肤色青灰，犯病严重的时候只得痛苦地在地上打滚，口里哀号，手脚抽搐，甚至就此死去。孤儿寡母的哭声在矿场上从来没有间断过。不仅如此，矿局还根本不把矿工当人看。在一次矿井事故中，矿局为了一己私利，直接砍掉缆绳，封住窿口，将 40 多个矿工埋在井下，简直是视矿工生命如同蝼蚁一样。

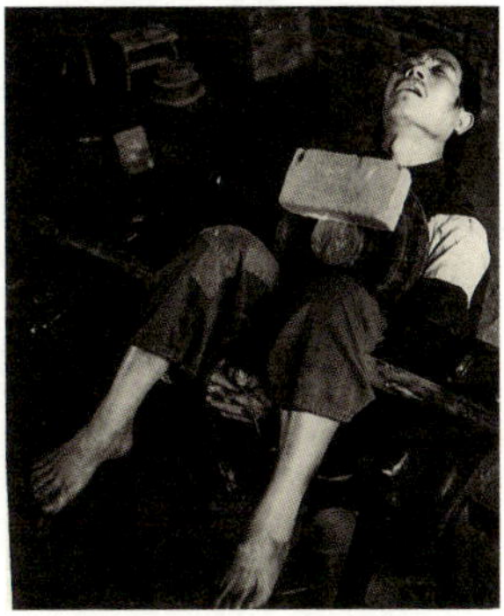
矿局压迫工人的私刑

工人尽管劳动强度极大，报酬却极低，“每人每月至多的得二、三十元，十余元，八、九元；少则三、四元，甚至于每天六十余文的也有，真所谓仰不足以事父母，俯不足以蓄妻子。” 即便如此，工人们赖以活命的工资也经常被连年拖欠，生产红奖被盘剥克扣。矿工所得的报酬除了现金以外，就是矿局所发的矿票，这种矿票到其他的

矿局残害工人的刑具——木枷

水口山矿工所住的茅草屋

水口山的矿票

地方根本不能通用的，只能到矿部的油米处购买生活用品。油米处的米又多是绿霉米、掺沙米，甚至还有前清时代遗留下来的“皇仓米”，而且常常短斤少两。再加上物价飞涨，工人们经常衣不暖、食不饱，生活愈加困苦。矿工们试图改变这种悲惨境况的决心愈加坚定。

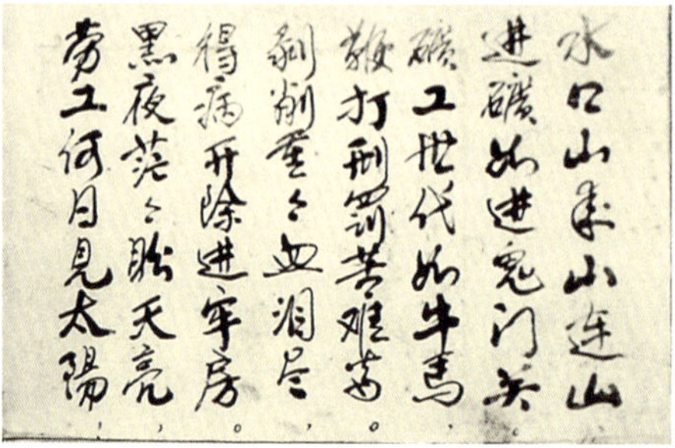

水口山流传的矿工歌谣

马克思主义在水口山传播

1919 年，五四爱国运动爆发，就像平地一声雷，打破了衡阳学界的宁静。6 月 7 日，在夏明翰、蒋先云、黄静源等组织领导下，成立了湘南学生联合会（简称湘南学联）。此后，这里成为五四时期湘南学生运动与新文化、新思想传播中心。毛泽东对于衡阳的学生运动和工农运动高度关注，曾四次亲临衡阳指导工作。经过充分考察，1921年10月，毛泽东发展“心社”骨干成员蒋先云、黄静源、唐朝英、蒋啸青加入中国共产党，成为衡阳第一批中共党员，随即，衡阳第一个党小组——中共湖南省立第三师范小组、衡阳第一个团支部——社会主义青年团湖南省立第三师范支部相继成立，从此，衡阳的革命活动在中国共产党的领导下热火朝天的开展起来。

马克思主义的传播，让光明照进了黑暗的矿区。毛泽东多次指示，在湘南区委没有建立以前，衡阳党组织应以水口山为重点，深入到工人群众中去传播马克思主义，用

湘南学生联合会旧址

马克思主义这个精神武器发动群众，组织群众，团结群众，发现优秀分子抓紧培养。他对衡阳党组织的负责人张秋人说：“你们要到水口山矿去，那里有很多工人，工人革命性最强，建党要与工人结合起来，在工人中发展党员、团员，建立党团组织。”按照毛泽东的指示，1921 年寒假和次年的春假，张秋人、黄静源、夏明翰、韦汉、唐朝英等一批党员骨干和进步师生来到水口山，在工人中开办政治夜校，传播马克思主义，启发提高工人的觉悟。

蒋先云在夜校教育广大工人：“现在资本集中在少数军阀和地主资本家手里，我们工人连生存的权利都没有，随时有饿死、冻死、在矿井里压死的危险，所以，我们首

◎小贴士

湘南学生联合会：五四运动时期领导湘南地区反帝反封建爱国学生运动的总部。它是中国共产党创立时期湘南党团组织的重要策源地和活动中心；是毛泽东等老一辈无产阶级革命家传播马列主义，开展革命活动的重要处所（毛泽东曾四次来衡阳指导学运，开展革命活动，其中两次住湘南学联），为中国革命培养造就了一大批优秀人才。其中有何宝珍、伍若兰、毛泽建、蒋先云、黄静源、夏明翰等著名革命英烈；还有陶铸、黄克诚、江华、曾希圣、张经武、张平化、伍云甫、张际春、唐天际、曾志、周里等新中国党和政府的高级领导人。

先要争得生存权，要保住这条养家糊口的命！但是矿局和军阀资本家勾结，不给我们活命的权利。”“怎么办？我们就要争，争取自己掌握自己这条命。我们要向矿局提出要求，罢工，不答复我们的要求就不复工！”“我们不要怕，命都保不住了还怕什么？”经过宣传与鼓动，使水口山矿的工人们掌握了诸如“工人、资本家、无产阶级、资产阶级、剥削与被剥削、生产、劳动、价值和利润、工人革命和无产阶级专政”等马克思主义理论的基本知识。此后，工人群众的阶级觉悟不断提高，懂得自己所处的受压迫受剥削的地位，以及工人阶级所肩负的历史使命。1922 年初，水口山矿正式成立了社会主义青年团，先后有 70 多名工人被吸收入团。

水口山工人学校旧址

毛泽东亲临水口山点燃革命火种

1922 年 4 月，一轮红日驱散了沉沉乌云，照亮了水口山。毛泽东以教书先生的身份，在夏曦、彭平之陪同下从

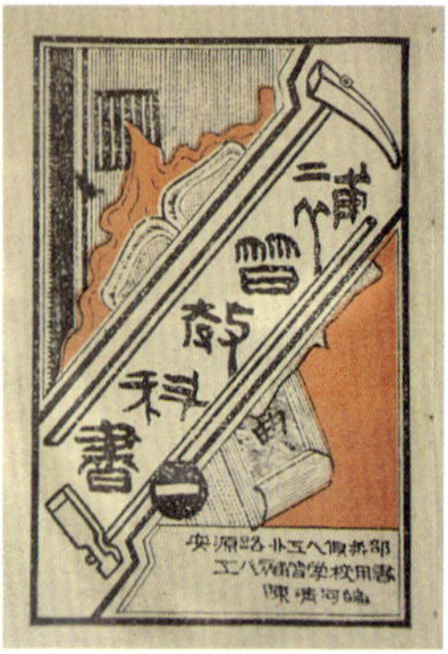

工人夜校教科书

长沙经衡阳，乘坐小木船，亲临水口山了解工人疾苦，进行调查研究，传播马克思主义。

毛泽东脱去长衫，穿上对襟短衣，坐着工人驾驭的摇车深入矿区，下窿道，穿砂湖，和拖砂工一道攀登一架架首尾相接的木梯子，还遍访工人住的四角落地的茅棚子。他十分同情工人的苦难生活，召集部分团员和工人积极分子开会，给他们说明此行目的，给每个人都分派了秘密调查水口山工人生产生活情况、资本家压迫剥削工人情况等任务。他还充分肯定了水口山地方团组织做了大量工作，取得了可喜的成绩，号召全体团员团结起来，做好工人的工作，为建立水口山党的组织，迎接革命高潮的到来做好准备。

毛泽东到水口山

毛泽东深入水口山工人当中

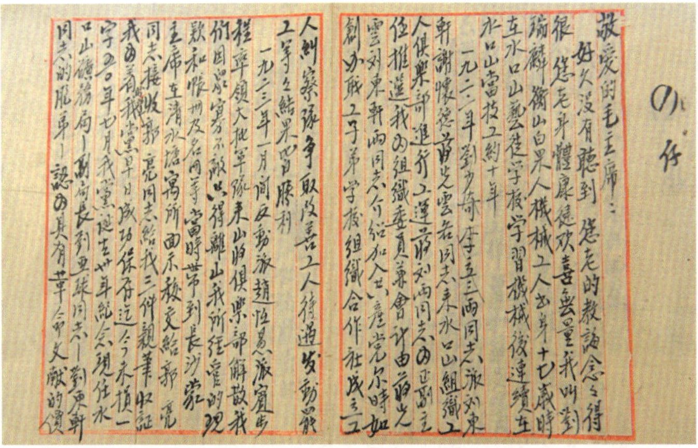
敬爱的毛主席：
好久没有听到您老的教诲，念念得很。您老身体康健欢喜无量。我叫刘瑞麟，衡山白果人，机械工人，出年十七岁时在水口山艺徒学校学习机械，後连续在水口山当技工约十年。
一九二二年刘少奇、李立三两同志，派刘东轩、谢怀德、蒋先云各同志来水口山组织工人俱乐部，进行工运。前刘两同志，因正副主任推选，我为组织委员兼会计，由蒋先云刘东轩两同志介绍加入共产党，尔时如创办工人子弟学校，组织合作社，成立工人纠察队，争取改善工人待遇，发动罢工等等，结果罢工胜利。
一九二三年一月间反动派赵恒惕派宪步程潜领大批军队来山，将俱乐部解散，我们因众寡不敌，只得离山，我所经管的现款和帐册及名册等，当时带到长沙，蒙主席在清水塘寓所面示，移交给郭亮同志接收，郭亮同志给我三件亲笔收证，我因为藏在党里，日成功，保存迄今，本值一字五○年七月我党诞生卅年纪念，现任水口山矿务局一副局长刘西琛同志，一刘东轩同志的胞弟，认为具有革命文献的价

矿工刘瑞麟写给毛泽东的信

据毛泽东等人在水口山的临时居所康汉柳饭店的老板后人康家利回忆说：“我的太爷爷当时也是矿区工人，与组织工人运动的刘东轩很熟，我爷爷经营的连心饭店（后改为康汉柳饭店）当时处于矿区经济文化中心，距离康家戏台仅几步之遥，太爷爷同时掌管着康家祠堂。所以，在综合考虑下，当时秘密组织工人运动的领导包括毛泽东、蒋先云、谢怀德等都住在我爷爷开的饭店。”“白天他们就

康汉柳饭店旧照

康汉柳饭店遗址

在这里写标语发动群众，我爷爷奶奶替他们站岗放哨，一有情况，他们就从这个窗户沿着绳索爬下去，跑到康家祠堂躲起来。”

回到衡阳以后，毛泽东马上召开了一系列会议，指示衡阳党组织和湘南学联应担负起对水口山的宣传工作，要成立马克思主义研究会和书报贩卖部，以水口山为重点，加速马克思主义在工人中的传播。毛泽东还在湖南省立第三师范1000多人的群众大会上作了题为“社会主义”的讲演，鼓励青年学生、知识分子到水口山去，和工人群众相结合，“到那里去是有很大的好处的”。考察水口山后，毛泽东又于5月1日撰写了《更宜注意的问题》发表在长沙《大公报》上，文章强调“要注意劳工的3件事：生存权、劳动权和劳动收益权，号召工人们组织起来，抱成团体，同压迫工人阶级的帝国主义、封建主义和资产阶级作斗争。”

革命之火熊熊燃起

1923年“二七惨案”以后，全国工人运动暂时转入低潮。党组织决定巩固水口山这块工运阵地，毛泽东从湖南自修大学派了自己的弟弟毛泽覃以及朱舜华等人到水口山工作。出发前，毛泽东给他们详尽分析了全国的形势，深刻地指出：反动军阀正在全国操起屠刀，镇压工人运动，惨杀工人领袖，要看到“二七惨案”是军阀用枪杆子惨杀工人的开端，今后各省军阀都会效法，应教育工人有高度的警惕，要做最坏的准备，最好的争取，要使群众懂得无产阶级革命主要是夺取政权，阶级斗争是你死我活的斗争，不要害怕，要用马克思主义教育群众，群众认识了真理，团结起来就有了力量，革命就能胜利。

毛泽覃等人到水口山后，遵照毛泽东的指示，利用学校这个讲台，宣传马克思主义。为了帮助工人群众中的领袖人物掌握马克思主义这个武器，毛泽覃专门把经过罢工

◎**小贴士**

毛泽覃（1905—1935）：湖南湘潭人，毛泽东三弟，无产阶级革命家。受毛泽东的影响，1921年加入中国社会主义青年团，后到水口山等地从事工人运动。1923年加入中国共产党。1927年8月参加南昌起义。1934年10月中央红军主力长征后，任中共中央苏区分局委员、红军独立师师长、闽赣军区司令员。1935年4月26日，在江西瑞金红林山区被国民党军队包围，为掩护游击队员脱险而牺牲。毛泽覃是毛氏三兄弟中走向武装斗争的第一人、红军优秀的指挥员、井冈山会师的重要联络人。

毛泽覃在水口山的留影

毛泽建与毛泽覃在水口山合影

斗争考验的工人成员组织起来，办了一期训练班，对他们进行共产党、阶级和阶级斗争、无产阶级革命和无产阶级专政、社会主义和共产主义的教育。

在离开长沙前，毛泽东曾勉励毛泽覃要好好锻炼和改造自己，到敲砂棚去敲砂，到窿洞去劳动，穿长衫和穿短衣结合起来。毛泽覃每日下课后，就脱去长衫，深入矿场和敲砂棚参加劳动，和工人交朋友。随着马克思主义在工人中开始广泛传播，使工人运动获得了强大的精神力量。虽然各地许多工人俱乐部、工会都被封闭或破坏了，但水口山的工人俱乐部仍巍然屹立在矿区里。

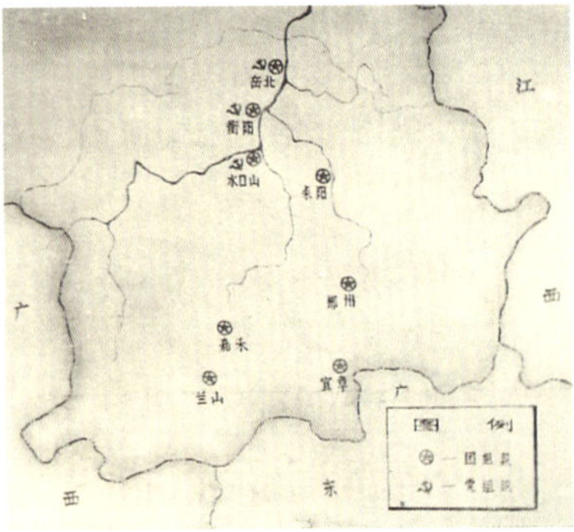

湖南党团组织分布图

毛泽东的领导和指

挥，为水口山工人运动的开展指明了正确道路，对水口山工人罢工运动的最终胜利产生了深远的影响。1923 年 5 月，中国共产党水口山支部正式成立，书记由蒋先云担任。党支部在着力发展党员和建立党的组织的同时，以主要精力深入到工人中间，开始组织和发动工人运动。

七　红潮涌动——“其雄不亚于安源”的工人大罢工

水口山工人俱乐部成立

民国时期，衡阳是粤汉铁路的重要枢纽，因此交通便利，商业繁荣，成为湘南的政治、经济、文化中心。衡阳工人队伍主要由矿业、机械、制造等行业工人组成。各行业的工人约为4万余人。加上农村乡镇的商业、纺织、建筑等行业工人约为7万余人，为这里的工人运动蓬勃兴起奠定了基础。

1922年9月14日，安源路矿工人举行大罢工取得全面胜利，它极大地鼓舞了衡阳水口山矿的工人。水口山矿机械科工人党员刘东轩、罗同锡等作为工人代表赴安源学习斗争经验，为之后发起自己的罢工斗争作好准备。

中国工人运动的先驱

刘东轩到达安源后，向安源路矿工人俱乐部的负责人李立三、刘少奇等陈述了水口山工人的困苦和迫切要求组织团体的愿望。安源党组织当即将水口山工人的要求，向湘区党委做了汇报。湘区党委决定派蒋先云、谢怀德去水口山开展工人运动。蒋先云是1921年入党的党员，是毛泽东亲自发展的优秀党员，也是安源路矿俱乐部的负责人之一。谢怀德是安源路矿修理厂的工人总代表，是一位勇猛强悍的群众领袖。

刘东轩

接到湘区党委的指示后，蒋先云、谢怀德和刘东轩到长沙清水塘，向湘区党委书记毛泽东汇报了有关情况。毛泽东对水口山工人运动进行了周密部署："我们要加强工人内部的团结，大家团结得越紧，敌人越害怕；我们松懈了，敌人会咬我们的。我们团结得像个钢铁桶一样，敌人的牙齿要咬也会咬坏的。如果我们的桶子有一块是木头做的，坏了敌人就会从这里咬进来。”他还特别叮嘱蒋先云说：“什么时候，就是什么口号，不要把共产主义的口号都搬出来，欲速则不达，不要与中小职员一鼻孔出气，又不能不争取他们，将他们赶到敌人方面去。不能毛糙，毛糙是达不到目的的。”

当时，水口山矿受到军阀赵恒惕掌控，此人在安源罢工运动中就充当过镇压工人的刽子手角色。面对手段残忍的敌人，矿工代表们并不惧怕，反而信心和勇气都很足，因为他们在安源取得了丰富的斗争经验。到达水口山以后，蒋先云第一件事就是下矿井，跟工人一起劳动，体会

◎小贴士

刘东轩（1899—1928）：湖南衡山人，中国共产党早期工农运动领导人。1916年，刘东轩考入江南兵工学校学习钳工，1920年被分配到水口山铅锌矿机械科当钳工。1922年参加革命，同年11月加入中国共产党，任湖南水口山工人俱乐部副主任，参加领导水口山铅锌矿工人大罢工。1923年回家乡衡山岳北开展农民运动，建立了湖南第一个农会组织“岳北农工会”，任委员长。大革命失败后，参加湘赣边界秋收起义，后任中共祁阳县委书记。在组织湘南农民暴动时，遭国民党反动派逮捕杀害，时年29岁

工人的辛苦。所以他一讲话，工人就觉得有道理，就自愿跟他走。

蒋先云等遵照毛泽东的意见，根据安源路矿工人俱乐部的经验，结合水口山的实际情况，立即起草了关于成立水口山工人俱乐部、开展罢工斗争的计划和罢工宣言。为确保罢工胜利，蒋先云效仿安源路矿罢工的成功经验，与水口山矿工人积极分子积极筹建工人俱乐部。就在此时，矿当局贴出一张反动布告："水口山为湖南官矿，断不容许工人随随便便，希望你们安守本分，毋信他人唆使。又闻安源方面有人来此。本局为维护矿局起见，已经派无数人员各处侦查。如本山工人，确不信劝，务要组织俱乐部者，本局当予严惩；如安源有人来此，一经拿获，就地正法。"

第二天，紧挨着这张反动的布告，又贴出了一张革命的传单："工友们呀！我们成天成夜不要命的工作，也觉得快活吗？油盐菜米不够吃，父母妻子难养活，也觉得幸福吗？再比我们苦没有了，还说什么快活呢！再比我们穷没有了，还说什么幸福呢！工友们呀！我们想想，为什么到这个境地呢？一个人的力量很小，大众的力量无穷，我们已经觉悟了，我们现今也组织一个'湖南水口山工人俱乐部'。工友们呀！快来！快快来！"

在蒋先云、谢怀德等人精心筹备下，水口山矿各科工人推选代表召开了工人俱乐部筹备会议，并设立"湖南水

康家戏台

口山工人俱乐部筹备处”。11 月 27 日，3000 多工人手持写有“劳工神圣”“从前是牛马，现在要做人”的三角旗参加了水口山工人俱乐部正式成立大会。在康家戏台，大会成立的现场，鞭炮声、锣鼓声和工人的欢呼声响彻云霄，发出了“工人万岁！”“湖南水口山工人俱乐部万岁！”“全世界无产阶级大团结万岁！”的口号。大会推选蒋先云担任俱乐部主任，谢怀德、刘东轩为副主任。同时，组织成立临时干事会及临时代表会，推举罗同锡为临时干事会主任，蒋先云为全权代表。

蒋先云

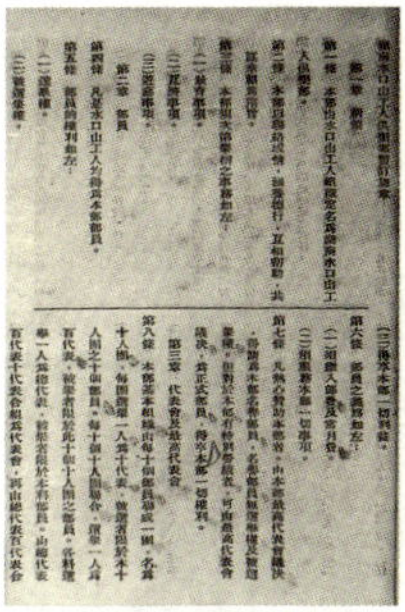
第一章 總則

第二章 部員

第三章 代表會及最高代表會

水口山工人俱乐部总章

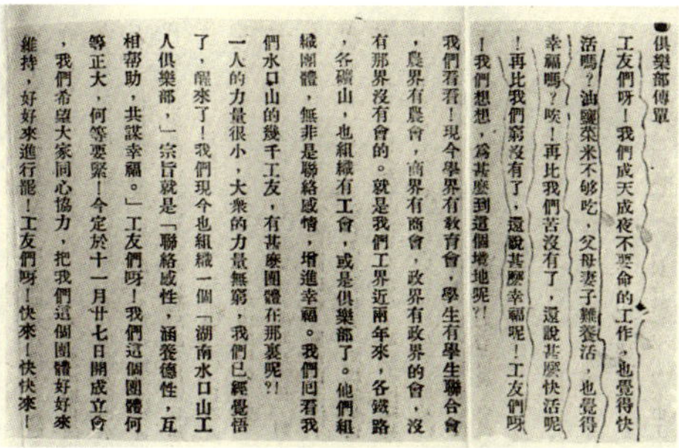
俱樂部傳單

工友們呀！我們成天成夜不要命的工作，也覺得快活嗎？油鹽柴米不够吃，父母妻子難養活，也覺得幸福嗎？唉！再比我們苦沒有了，還說甚麼快活呢！再比我們窮沒有了，還說甚麼幸福呢！工友們呀！我們想想，爲甚麼到這個境地呢?!

我們看看！現今學界有教育會，學生有學生聯合會，農界有農會，商界有商會，政界有政界的會，沒有那界沒有會的。就是我們工界近兩年來，各鐵路，各礦山，也組織有工會，或是俱樂部了。他們組織團體，無非是聯絡感情，增進幸福。我們回看我們水口山的幾千工友，有甚麼團體在那裏呢?!

一人的力量很小，大衆的力量無窮，我們已經覺悟了，醒來了！我們現今也組織一個「湖南水口山工人俱樂部，」宗旨就是「聯絡感性，涵養德性，互相帮助，共謀幸福。」工友們呀！我們這個團體何等正大，何等要緊！今定於十一月廿七日開成立會，我們希望大家同心協力，把我們這個團體好好來維持，好好來進行罷！工友們呀！快來！快快來！

水口山工人俱乐部传单

临时干事会决定以“十人团”为基层组织串联工人，在最短时间内把全矿工人组织起来。

◎小贴士

蒋先云（1902–1927）：字湘耘，号巫山，湖南新田人，中国共产党早期优秀党员和革命烈士、无产阶级革命家、工人运动领袖、军事将领。1917年，蒋先云考入衡阳湖南省立第三师范学校。1919年，蒋先云参加五四运动，任湘南学生联合会总干事。1921年加入中国共产党，水口山第一任党支部书记和俱乐部主席。1924年5月，蒋先云入黄埔军校第一期学习，任中共黄埔军校特别支部书记。军校毕业后，蒋先云留校任蒋介石的秘书。北伐战争开始后，受党组织派遣任北伐军总部秘书，兼补充团第5团团长。1927年5月28日在攻克河南临颍城的战斗中英勇牺牲，时年25岁。

水口山工人俱乐部成立会旧址——康家戏台

工人大罢工的经过

水口山工人俱乐部成立以后，工人们开始讨论如何改善生活，如何改良待遇问题。提出“承认工人俱乐部有代表工人之权；津贴俱乐部各种费用；增加工资；均分‘红饷’”4个条件。矿当局对工人的合理要求置若罔闻，并且密谋破坏工人俱乐部，矛盾空前激化，大罢工势在必行。对此，工人俱乐部秘密成立了罢工执行委员会，筹备大罢工。1922年12月3日，罢工委员会秘密发布命令，决定5日罢工。

1922年12月5日清晨，俱乐部发布罢工宣言，向矿当局提出了18个条件，整个矿山全部停工，震惊中外的水口山

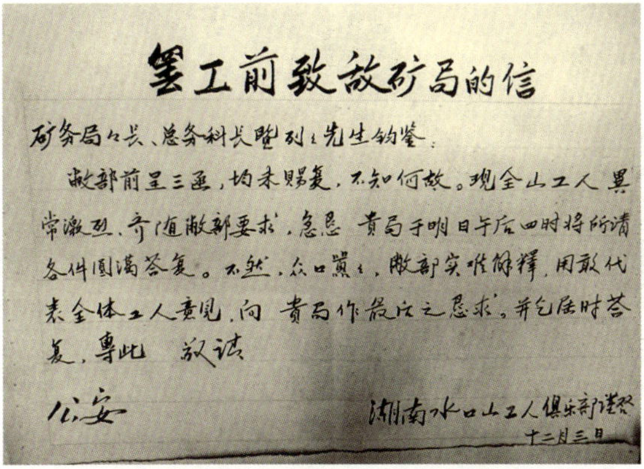

罢工前致敌矿局的信

矿务局々长、总务科长暨列々先生钧鉴：

敝部前呈三函，均未赐复，不知何故。现全山工人异常激烈，齐随敝部要求，急恳 贵局于明日午后四时将所请各件圆满答复。不然，众口嚣々，敝部实难解释，用敢代表全体工人意见，向 贵局作最后之恳求，并乞届时答复，专此 敬请

公安

湖南水口山工人俱乐部谨启

十二月三日

水口山工人俱乐部罢工前致矿局的信

铅锌矿工人大罢工爆发了。3000多名工人没有一人上工，就地集中抗议矿当局对工人实行残酷剥削和压迫的罪行。罢工布告和传单贴满了矿山的每一个角落，如：“从前做牛马，现在要做人了”的横幅，墙壁上到处写着“我们这次罢工纯为改良生活待遇，与军事政治毫无关系，请各界秉良心帮助”“不得俱乐部的通知，不准上工”“不准赌博”等。工人俱乐部同时发表罢工宣言，蒋先云担任同矿局谈判的全权代表，进一步向矿当局提出了争取工人自由、实行8小时工作制，改善工人政治、经济待遇等18项要求。责令矿局必须全部答复，否则，决不复工。

矿当局估计工人们坚持三五天没饭吃就会自动复工，没有把罢工放在眼里，采取拖而不决的消极态度。对此，

水口山工人大罢工场景

俱乐部早有准备，在动员罢工的同时，在工人中发起了互助活动。罢工期间，如果谁家揭不开锅，以各组为单位，相互帮助，保证了工人们在罢工中能够同甘共苦，共渡难关，咬紧牙关坚持下去。为阻止罢工，矿局还指使反动职员廖铁洗撕掉了工人俱乐部的布告，破坏工人大罢工。工人们个个义愤填膺，抓住他狠狠地揍了一顿。

罢工的消息很快传到长沙和全国各地，在湖南全省乃至全国产生极大影响。湖南省省长赵恒惕随即命令原矿局局长赵铭鼎，新任矿局局长刘世涛，以及省矿务总局两名委员火速赶往处置，并调湖南省陆军第三混成旅炮兵连开赴水口山矿，企图武力镇压罢工。矿工人俱乐部在衡阳地方党组织的领导下，一方面稳住军队，由工人代表向士兵宣传罢工的道理和缘由，诉说劳工遭受的疾苦，争取官兵保持中立；另一方面，及时向全国各界发出请求援助、壮大声威的电报和传单。罢工迅速得到中国劳动组合书记部和全国各地工会的大力响应，声援的电报雪片般的传到水口山矿，使全矿工人受到巨大的鼓舞。

明目张胆的镇压不能得逞，矿当局便假意邀请蒋先云、刘东轩等工人代表谈判，阴谋进行杀害。在谈判室前面的过道两边，列队站了两排全副武装的警察，个个做出凶神恶煞的姿态，目的还是想在工人谈判代表心理上造成一种恐怖的威慑。这一招，在蒋先云身上不起半点作用，因为他在安源谈判中早已见识过了。谈判中，赵铭鼎恐吓蒋先云必须答应立即复工，否则，就地正法！”十几名全副武装的矿警也一拥而入，把刀枪架到蒋先云、刘东轩的脖子上。蒋先云临危不惧，拍案而起，义正词严地大声说：“为了工人兄弟能活命，大丈夫死有何惧，你们要扣就扣，要杀就杀。”与此同时，全体工人立即拿起梭镖、炮棍、榔头、篾片和煤油，把矿局团团围住，齐声高喊：“不放出我们的代表，就烧倒矿局！”“不答应罢工条件，绝不上工！”“延迟一小时答复，就增加一个条件！”“不准杀害俱乐部全权代表”“不答应罢工条件绝不复工”“杀一个蒋先云，还有几千个蒋先云；杀一个刘东轩，还有几千个刘东轩；不杀不好，越杀越好”。最终，慑于工人的强大力量，矿

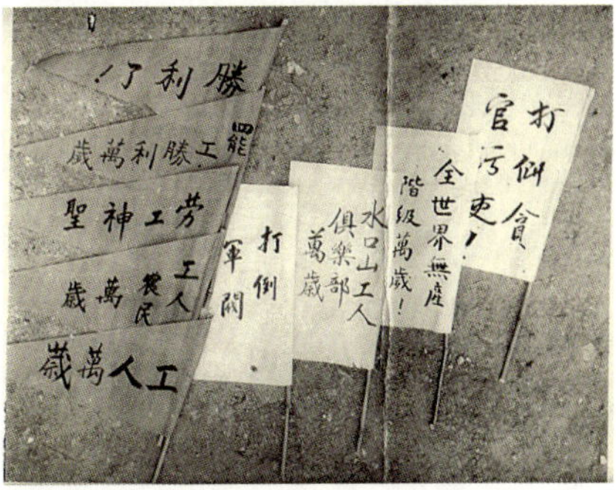

大罢工时工人使用的标语

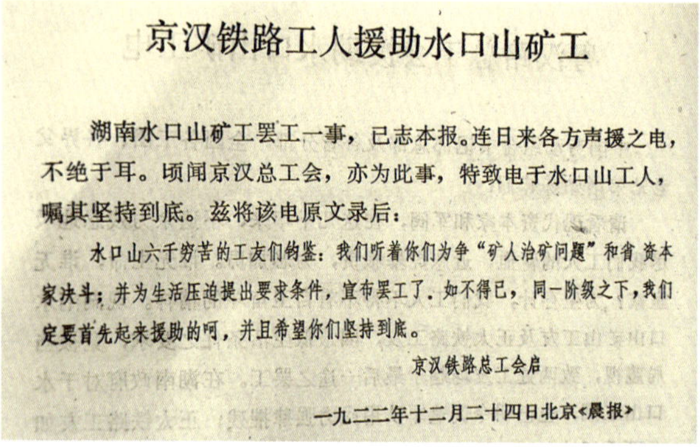
京汉铁路工人援助水口山矿工

湖南水口山矿工罢工一事，已志本报。连日来各方声援之电，不绝于耳。顷闻京汉总工会，亦为此事，特致电于水口山工人，嘱其坚持到底。兹将该电原文录后：

水口山六千穷苦的工友们钧鉴：我们听着你们为争“矿人治矿问题”和省 资本家决斗；并为生活压迫提出要求条件，宣布罢工了．如不得已，同一阶级之下，我们定要首先起来援助的呵，并且希望你们坚持到底。

京汉铁路总工会启

一九二二年十二月二十四日北京《晨报》

京汉铁路工人声援水口山工人罢工的启事

当局不得不将两位代表释放。在阴谋杀害工人代表的手段遭到失败后，矿当局便转而压迫工人。他们以为敲砂童工容易屈服，便指使选矿科长潘振刚携带手枪，带领矿警，来到敲砂厂，扬言：“如不开工，就地枪毙！”但是，当潘振刚登台讲话并举枪威胁时，敲砂童工一拥而上，缴了他的手枪，将他推倒在台下，同来的矿警也吓得狼狈而逃。

12月11日，毛泽东以中国劳动组合书记部湖南分部名义，通电全国各工团体声援水口山工人的罢工斗争。12月12日，中国劳动组合书记部北京总部也发出公告，要求全国各工团体声援水口山工人大罢工。衡阳的党组织在城区广泛发动学生、市民、工人，一面游行示威，以壮其威；一面动员募捐，从湘江水路源源不断地给罢工工人送去生活物资和宣传标语传单，给参与罢工的工人们以极大支持和帮助。安源路矿工人俱乐部、粤汉铁路总工会、衡阳学界以及长沙、唐山、上海等地的工人和学生组织均先后发出通电，勒令和警告湖南省署从速解决水口山问题，否则将采取一致行动。从而使矿当局陷入了四面楚歌，孤立无援的窘境。

面对当局毫无诚意的态度，水口山矿机器全停，矿区一片静寂。12月26日，矿当局终于无条件答应工人的全部要求，在《罢工协议》上签字。经过23天的激烈斗争，震惊中外的水口山工人大罢工，取得了完全胜利，迫使赵恒惕军阀政府承认了工人提出的18项条件，在中国工人运动史上占有光辉的一页。通过这次罢工斗争，水口山矿提高了工人阶级的政治地位，废除了职员、工头任意鞭打、处罚、开除工人等制度，实行了8小时工作制，普遍增加了工资，开办了工人学校和工人子弟学校。

工人大罢工的历史意义

水口山工人大罢工比安源大罢工多18天，罢工胜利把湖南工人运动推到了最高潮。无产阶级革命家、湖南著名工人运动领袖郭亮对水口山工人运动评价非常高。中国劳动组合书记部负责人邓中夏曾说：“中国矿山虽多，唯有

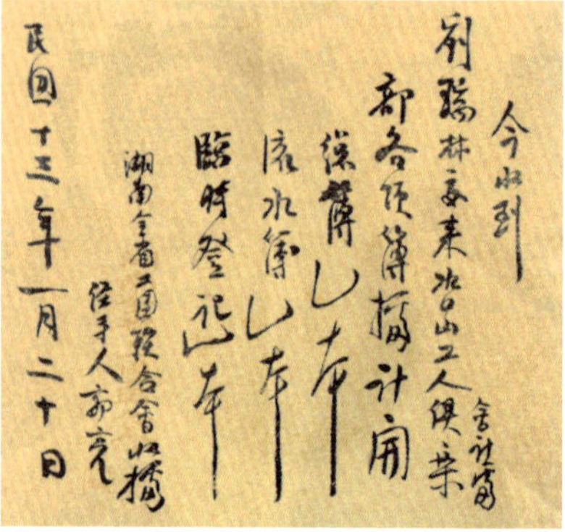
今收到
刘锦林交来水口山工人俱乐部
临时登记本
湖南全省工团联合会
经手人郭亮
民国十三年一月二十日

1924 年，郭亮写给水口山俱乐部的收条

全部组织的，只有江西之安源及湖南水口山二处，而水口山铅锌矿罢工，其雄壮不亚于安源。”

水口山工人大罢工，是中国共产党在建党初期所领导的一次取得完全胜利的工人斗争，也掀起了中国工人运动的第一次高潮，在这座革命的大熔炉里，锤炼出了夏明翰、蒋先云、谢怀德、毛泽覃、耿飚、宋乔生等一大批无产阶级革命先锋战士，引领着无数热血青年加入中国共产党并不断走向革命的道路。

水口山工人运动为毛泽东探索开创中国革命走农村包围城市、武装夺取政权的道路这一光辉理论提供了宝贵的实践经验。通过开展工人运动，广泛地唤起民众，团结亿万人民，争取一切可以争取的同盟军，开展反对帝国主义和封建军阀的革命斗争，从而加速了中国革命的发展，开创了一个崭新的政治局面。

八　奔向井冈——八百矿工闹革命

开展地下武装斗争

1927 年，中共湖南省委先后从衡山岳北农工会等处派党的干部李玉荣、张云贵等来水口山铅锌矿加强组织领导。遵照上级党组织的指示，宋乔生接任特别区委书记，由他挑起了水口山地下党组织领导工作的重担。当时，宋乔生秘密发动工人凑钱在火车坪租了一处民房，开设一家“合记酒店”，作为党组织在矿区的秘密联络站。酒店一列三间，前一间作铺面，中间一间是工作人员张云贵夫妇的住房，后面一间是地下党组织秘密活动地点。在这里，他们经常接到上级党组织转来的秘密文件，积极组织开展武装斗争。为了隐蔽骨干，积蓄力量，迎接新的战斗，夺取更大的胜利，联络站一方面组织部分工农武装队伍转移到了耒阳边境的

岳北农工会旧址

桐梓山与当地农民军一道开展了游击活动；一方面派人打入矿警队内部，发展党的组织，先后吸收了矿警队排长谢文斌、司务长文叔琪等为党员，掌握敌人的动向，分化瓦解敌人的力量。

“马日事变”后，宋乔生动员部分工人党员把此前工人纠察队分散隐藏的部分枪支收集起来。在这过程中，涌现了许多动人的故事。“煤窿取枪” 就是其中的一个：工人武装队伍曾将一支马枪藏在煤窿里。宋乔生布置工人党员杨紫献将它取回来。杨紫献背了一只硝筒（装炸药用的，长约三尺，直径约五寸的竹筒），拿着一根扁担、一捆稻草和一个装着半缸咸菜的瓦缸，趁黑夜钻进煤窿，摸到藏枪的地方，小心地把煤扒开，取出了那支马枪。他当即将机筒卸下，马枪藏入硝筒内，外面用稻草包着，接着又从另外一处地方取出30排子弹和机筒一起，放在瓦缸内，上面放些咸菜，装成一担挑着。这样，表面看去就像一个普遍农民一样，顺利地通过了敌人的岗哨，从容地回到了矿山。

1928初，朱德率领的南昌起义部队在宜章、耒阳一带发动了“年关暴动”。消息传来，宋乔生、李玉荣等作出了夺枪的决定。1月19日晚上，宋乔生主持在火车坪木厂里秘密地召开了一次党支部会议，准备在1月22日晚上（农历大年三十），乘敌人除夕戒备松懈的时候，突袭矿警队。后来，由于准备不周，未能按计划行动。正月初二的晚上，宋乔生等又在火车坪召开秘密会议。大家认真听取了矿警队地下党员谢文斌有关矿警队的情况介绍，详细研究了作战计划，确定了进攻的路线、时间和讯号及参加夺枪人员，由宋乔生担任这次战斗的总指挥。初四晚上12点钟，夺枪战斗按预定计划开始了。宋乔生指挥夺枪队伍，分成东、西、北三路直扑矿警队。与此同时，桐梓山游击队也赶来增援。在短时间内就顺利地夺下50多支步枪和全部子弹。夺枪战斗结束后，工人武装队伍在宋乔生的率领下，雄雄赳赳地向耒阳桐梓山进发

水口山工人夺枪

了。就在这里，建立了一支由 800 多工人、200 多农民组成的“中国工农红军独立团”。宋乔生担任独立团团长，李玉荣担任独立团党代表。他们一方面配合当地农军领导附近农民进行秘密活动，开展地下斗争；一方面继续和水口山工人保持密切联系，领导水口山工人的地下斗争。

奔向革命摇篮井冈山

水口山工人武装夺取矿警队一个排的枪支后，矿警队为了保全剩下的一部分枪支，白天龟缩在矿局办公楼内不敢出来，晚上则潜伏在矿区附近的龙王山、石牛岭一带的深山里，美其名曰“登山”。为了把这部分枪支弄到手，宋乔生派人和打入矿警队的谢文斌、文叔琪等进行秘密联系，布置他们设法把敌人弄回来。同时，经常派人到水口山收集情报，准备时机一到就再次夺枪。

谢文斌等接到任务后，一面在士兵中间进行工作，鼓动大家反对“登山”，一面劝说矿警队李队长不要“登山”。此后，李队长也不再提“登山”的事了。但是，他担心共产党把这剩下的几十支枪夺走，很快又跑到矿局局长余焕东那里去告急。余焕东无可奈何，只得打电报到常宁县政府，请求派军队保护矿山。常宁县县长钟毓英接到电报后，派挨户团团长肖宜春率领数百名士兵，带着机枪、小炮和步枪，杀气腾腾地开到了水口山。肖宜春率领士兵到来，给工农红军夺取矿警队的枪支带来了严重的困难。宋乔生认为，一定要想办法将其弄走，要像牵牛一样，把他从水口山牵出来。

农历二月初三，在春水河西岸的烟州、荫田等地出现了很多工农红军贴的标语，上面写着："打到水口山去，消灭挨户团！""打到水口山去，活捉肖屠夫！""打倒国民党反动派！""共产党万岁！"肖宜春听到这个消息后，坐立不安，决定"先下手为强"。当天，他率兵气势汹汹地往烟州开去，监视春水河西岸的动静。

肖宜春的队伍一走，交通员马上飞驰桐梓山报告了这一情况。这天晚上10点钟，宋乔生率领全副武装的100多名战士开进了水口山，一举缴获了50多支枪。夺枪后，

◎小贴士

宋乔生（1891—1929）：湖南湘潭人，他17岁来到水口山，在机械科当吊车工20余年，多次参与组织了水口山工友的反抗斗争，1923年加入中国共产党，担任过机械科党支部副书记、水口山特别区委书记。1928年率水口山800多名工人起义，之后率部参加井冈山会师。1929年1月24日在江西大余县英勇牺牲。宋乔生是中国共产党早期工人运动领导人之一。毛泽东很赞赏他的革命精神和才能："宋乔生组织能力很强，带了许多人上井冈山，很有功。"

接着又放火烧了矿局的硝药库。这次，水口山又有数十名工人参加红军，跟着宋乔生上了桐梓山。农历二月十二日，桐梓山附近的肥田团防局进攻工农红军。工农红军独立团在衡阳、耒阳交界处的廖田圩、春江铺一带全歼肥田团防局部队，又缴获了一批枪支弹药。

此后，矿局和当地土豪劣绅为了镇压工人反抗，又勾结肖宜春疯狂杀害水口山工人和居民 183 人，烧毁了工人住的茅棚，同时抓去数十人，用铁丝穿着手心，押解到常宁县，制造了惨绝人寰的“三・二四”惨案。驻扎在桐梓山的工农红军独立团闻讯后，当即返回水口山，烧毁了矿局办公大楼，油米处、松柏火车站和停泊在松柏河里的汽船，毁灭了矿局强迫工人填具的保单，镇压了罪大恶极的土豪劣绅，严厉惩罚了反动派。肖宜春的挨户团曾兵分三路疯狂地向桐梓山围攻，在宋乔生等的指挥下，水口山工农武装英勇顽强地抗击了数量众多、装备优良的敌人。经

◎小贴士

挨户团：第一次国内革命战争时期的一种农村武装组织。“挨户”形容几乎每户都要参加。1927年大革命失败后，许多地方的挨户团被地主所篡夺，变成反革命的武装组织，也叫挨户团常备队。以每户三丁抽一、五丁抽二编为守望队，由守望队选送壮丁编为常备队。

水口山工人在宋乔生的带领下与朱德在耒阳会合

过一日一夜的血战，击退了敌人的进攻，缴获了大批枪支弹药。

战斗结束后，宋乔生等率领独立团奔赴耒阳县城，与朱德率领的工农革命军会师。朱德亲自到耒阳城外迎接了这支工农武装队伍。

关于水口山矿工参加朱德队伍的情景，后来美国著名记者斯沫特莱在其所写的《朱德传》中做了详细的叙述："水口山铅锌矿的八百名矿工参加了朱将军的队伍。原来做铁匠后来转为矿工的宋乔生是早期的共产党员和工人组织者之一，约有四十岁年纪，曾经为他们的工会和学习小组领导过许多流血斗争。自从工会被反革命赶入地下以后，他还能

桐梓山工农革命根据地旧址

保持实力的完整。他们手持铁棒、木棍和铅锌矿公司的武装警卫大打交手仗，抢过一批枪支，一路行军而来，参加朱德的军队。朱将军听到消息，便走出他在耒阳的司令部到街头迎接矿工……一九三七年朱将军谈到这批矿工的时候，还赞扬他们是在所有的革命队伍中，铁军老战士和水口山矿工是最迅捷的、最有纪律、最勇敢，在政治上最进步的。”

随后，水口山工农武装与朱德、陈毅率领的工农革命军一道，奔向革命摇篮——井冈山，被编入红四军军部直属特务营，成为中央警备团的前身。其所创建的军械所，又是工农革命军最早的兵工厂。

水口山工人武装队伍奔上井冈山后，留在水口山的工人在血雨腥风的年代，继续坚持着革命斗争，直到1942

年，水口山矿区还保持了地下党组织的活动。水口山工人在革命中一直冲锋在前、前赴后继，历经了反“围剿”、二万五千里长征，到延安后已所剩无几。毛泽东在《井冈山的斗争》一文中指出：“水口山工人武装，是红军的中坚力量！”

九　今朝风流——中国铅锌工业摇篮诞生记

积重难返

积贫积弱、兵荒马乱的旧中国，并不能给水口山带来真正的辉煌。从1930年起，水口山生产开始逐年衰退。1938年，因为日军进犯，国民党政府采用了毁灭长沙的焦土政策，一场“文夕大火”使湖南炼铅厂与炼锌厂遭到毁灭性破坏，两厂只有相继迁往常宁松柏。

时任湖南省政府主席薛岳与厂长余剑秋以铅锌矿产品系军工原料不可辍停，用铅锌存砂向银行抵押借贷了45万元，分与矿局与铅锌各厂继续生产。随着日本侵略者进逼衡阳，水口山矿区遭到多次日军飞机轰炸。1940年10月11日，日本战机在水口山上空投弹40多枚，炸死工人6名，炸伤40多人，地面房屋、机械设备和器材等大部分被毁坏，

文夕大火

经过 3 个月的抢修，探、采、选各项工程才得以恢复。此后数年，由于日军大举进犯，大半个中国沦陷，交通阻梗，

◎小贴士

文夕大火：1938年11月13日在长沙发生的一场人为毁灭性火灾。由于日军进犯的加快，国民党当局决定用焦土政策，制定了焚烧长沙的计划，因11月12日所发的电报代码韵目是“文”，大火又发生在夜里（即“夕”），所以称此次大火为“文夕大火”。大火最终导致长沙30000多人丧生；全城90%以上的房屋被烧毁；经济损失约10亿元。这让长沙成为在第二次世界大战中毁坏最严重的城市之一（与斯大林格勒、广岛和长崎并列）。“文夕大火”是中国抗战史上与花园口决堤、重庆防空洞惨案并列的三大惨案之一。

营运不便，使生产濒临破产境地。到1944年6月，水口山矿区的房屋、设备破坏殆尽，窿道全部被水淹没。

抗战胜利后，湖南省政府派员清查损失情况，“但见破瓦断垣，废铁朽木，举目荒凉”。国民政府因财政困难，已无力再恢复生产。1946年湖南省政府将水口山矿务局与松柏黑铅炼厂合并，设立联合保管处，尝试开工冶炼。由于工程浩大，遭到社会质疑。有人认为水口山已经开采40多年，富矿基本被采掘一空，面临“洞老山空”的局面，今后是否还应该大量投资，实在值得考虑。因此，复工不到一年的时间，就因经费紧张，产品滞销，不得不再次停工，直至湖南解放。

涅槃重生

1949年10月，水口山矿由人民政府接收，改组为矿务局，隶属中央重工业部。当时，回到人民手中的水口山矿，实际上是一片荒凉。为了尽快恢复生产，矿务局立即组织进行复工工作。1951年矿务局奉命接管长沙炼锌厂和衡阳锌品厂，同年在水口山兴建浮选厂，在松柏新建炼锌厂。湖南炼锌厂、衡阳锌品厂、松柏铅厂、松柏锌厂、铅锌矿浮选厂正式命名为水口山矿务局第一、二、三、四、五厂。20世纪50年代末和60年代初又新建了机修厂和第六冶炼厂，接管了柏坊铜矿、车江铜矿，成立了运输大队、基建

刘亚球

工程队。70年代在柏坊铜矿新建炼铜厂。80年代开发和新建康家湾矿，水口山作为联合企业的基础得以奠定。

水口山矿务局还奉命援建了国内20余家知名有色金属企业，先后派出专业技术人才到广西、辽宁、江西、广东等省外多地及省内开办铅锌矿业，全国铅锌矿业大多技出水口山，如株洲冶炼厂、广西泗顶铅锌矿、临湘桃林铅锌矿、桂阳黄沙坪铅锌矿等，水口山赢得了“中国铅锌工业的摇篮”美誉。

水口山矿的生机勃发离不开一位关键人物，他的名字叫刘亚球。新中国成立初期，百废待兴，国家工业建设急需有色金属，尽快恢复水口山生产被提上日程。时任中共郴

刘亚球在水口山的旧居

◎小贴士

刘亚球(1904—1984)：湖南衡山人，17岁的时候跟哥哥刘东轩到水口山铅锌矿做工。1922年任水口山矿工人俱乐部通讯员,从此走上革命征途。1926年在衡阳西乡和衡山岳北等地从事农运工作,任乡农协组织委员。1927年进入湖南农讲所学习,同年加入中国共产党。1930年参加中国工农红军。曾任湘赣第八军保卫局局长、第二军团师政委、第六军团政治部组织部部长。参加了长征。后任中共冀中区委组织部部长、郴州地委书记、湖南省工委组织部部长。中华人民共和国成立后，历任水口山矿务局副局长，湖南省总工会副主席，湖南省第四、五届政协副主席，第六届全国政协委员。

州地委第一书记、郴州军分区司令员刘亚球主动请缨，出任水口山矿务局副局长、代局长，领导复工工作。在他带领下，水口山职工经过艰辛努力，排除了窿内积水，修复了巷道，组织探明矿区的金属储量，改进矿山的设备，安排好工人的生活，发展矿山的生产，水口山矿的面貌发生了重大变化。

今朝风流

中华人民共和国成立的70多年来，水口山铅锌矿抓住机遇，深化改革，扩大开放，实现了跨越式发展，先后多次受到党中央、国务院、中央军委通令嘉奖，获得过“全国五一劳动奖状”“中央企业先进基层党组织”“全国模范职工之家”“中国铅锌行业绿色创新发展杰出贡献奖”“中国五矿先进基层党组织”等荣誉称号。

2001年9月，水口山矿务局经债转股进行公司制改革，后经湖南省政府批准组建湖南水口山有色金属集团有限公司。2009年，水口山加入中国五矿集团，现有在册员工8000余人。公司技术力量雄厚，联合原中国有色工程设计研究总院（现“中国恩菲工程技术有限公司”）研发了“水口山炼铅法”“水口山炼铜法”，实现了中国铅、铜冶炼技术的重大突破，获国家发明奖，并申请了专利，已广泛

水口山有色金属集团有限公司

已成为工业遗产的旧生产区

应用于国内外工业实践。

水口山有色金属集团有限公司现有铜铅锌矿山三座，铜、铅、锌、稀有稀贵金属和无汞锌粉冶炼厂各一座。公司拥有60万吨铜铅锌采选、15万吨铅冶炼、4500公斤黄金、470吨白银的生产能力，主要经营铅、锌、金、银、锑、铋、碲、氧化锌、硫酸等多种有色金属和有色化工系列产品。“水口山牌”铅锭、银锭均为伦敦金属交易所和上交所注册品牌，成为国际市场上的免检产品。“SKS”“水口山”

已经停止生产的老式设备

商标为中国驰名商标。公司整体通过ISO9002质量体系认证，产品畅销全国各地并自营出口30多个国家和地区。

与此同时，水口山有色金属集团还坚持生态优先，自始至终坚持走绿色、可持续发展的道路，在发展经济的同时，不忘对自然环境的保护，致力于建设“优美环境、和美矿区、美好前景”的现代企业，实现“美好新铅都”的宏伟愿景。

十 窄轨铁路——水口山矿砂运输的 2.0 版

“十七、十八学做窿；二十七、八逞英雄；三十七、八咬牙过；四十七、八背竹筒。”这是当年流传在水口山的一首歌谣，生动形象地唱出了矿工悲惨的一生。十七八岁的年轻人入窿开始做矿工，到二十七八岁正是精力最为充沛的时候，但因常年高强度的劳累，到了三十七八岁的就只能咬牙度过了，到了四十七八的时候被矿上淘汰，只能背着竹筒去乞讨过活。

矿工的工作，开采矿石是其中重要的一环，运输也是同等重要。如果矿开采出来，不运送就无法使矿砂变为金钱。从井下到地面，从地面到湘江渡口，很大一部分是靠工人一担担肩挑，再运到英国、日本等国家去冶炼。矿工每挑 100 斤矿石，才得 8 个铜板，还买不到 1 筒米。但就连这 8 个铜板，帝国主义、官僚资本家也不放过，矿工每在河边卸一担矿

矿工人工运输矿砂

石，就要交一个铜板的“落地税”。

人工运输是矿砂运输的1.0版。为了应对西法开采后，产量越来越高的黑铅、白铅（锌），水口山矿务局于1912年修筑了水口山矿区到松柏镇之间的“水松窄轨铁路”。这条铁路主要是时任水口山总办廖基植主导修建，但完成却是在继任局长郭调元任上。廖基植曾多次向湖南省矿务总局申请修建运输铁路，可由于矿山投入各种机械和矿砂价格不高等原因，一直没有建好。直到1912年春季，省总局才决定自筹资金，沿水口山矿到松柏镇之间的狭长的地带买了约600亩地，设计建

水松火车行驶在窄轨铁路上

造铁路，以解决运输难题。遗憾的是，廖基植没有见证通车，他于当年 2 月因病离任返乡休养，接任的郭调元继续工作，顺利使这条轻便铁路通车。

衡阳地处丘陵地带，地表有一定的起伏。水松窄轨铁路路基顶面宽 5 米，填土高 1 米左右，路堤较多，而路堑较少。线路上部铺设钢轨，每米重 12 公斤，轨距为 600 毫米。钢轨接头采用错接法连接。钢轨下面铺设的轨枕是湘南产的杉木，每公里铺 2000 根。道床为碎石铺垫，枕下厚度 100 毫米。铁路沿途有大小桥梁 3 座，其中一座是钢架桥，长 17.5 米，另两座为木便桥，长度为 6 米。桥梁墩台基础为混凝土，墩身为耐火砖砌筑。铁路全长将近 6 公里，32 磅钢轨，牵引机车 3 辆，每辆 30 匹马力，可牵引列车 15 节，其中只

◎小贴士

杉木：杉科杉木属植物，主要分布在中国和越南，较喜光，喜温暖湿润、多雾静风的气候环境，不耐严寒及湿热，怕风，怕旱。能生长至30余米，胸径可达2.5—3米；树冠尖塔形或圆锥形，树皮灰褐色；大枝平展，小枝近对生或轮生。杉木为中国长江流域、秦岭以南地区栽培最广、生长快、经济价值高的用材树种。木材供建筑、桥梁、造船、矿柱、木桩、电杆、家具及木纤维工业原料等用。抗风力强，耐烟尘，可做行道树及营造防风林。同时具有药用价值。

有 1 节是客车，其余全是运砂车；一共耗费资金 500 万元。每辆矿车可运矿砂 1.5 吨，速度是每小时 10 公里，每日运行 10—14 次。行车方式采用电话办理，区间闭塞，夜间调车用手电筒代替信号灯。这可将其看作是水口山矿砂运输的 2.0 版，大大节省了成本。人工运砂每吨需银洋 1 元，使用铁路运输后运费减少一半，有效提高了利润。

水松窄轨铁路的修筑，一定程度上实现了水口山矿砂的现代化运输，但仍有需要人工运砂的地方。火车将矿砂运到松柏镇后，需要人工运到码头，装船外运。而这段运输也浸染着矿工的血泪。耿飚（曾担任全国人大常委会副委员长、国务院副总理，国防部长）小时候就目睹过自己的舅舅玉生被欺负的场景。一担矿砂，从松柏镇挑到渡口

今天矿区内的小轨道车

的船上，只有 5 个铜板。可是负责计数的安利英洋行把头，却要收 3 个铜板的落地费。玉生舅舅实在不想把自己的血汗钱给把头，就挑着矿砂不落地，任由扁担压进肉里，等着排队上船。可是等到前面一个人上船后，把头将通往船上的跳板抽掉了，矿砂上不了船，就领不到“对牌”，不仅拿不到工钱，可能还会被安上“私卖矿砂”的罪名，罚款十个大洋或者关进矿里的地牢。玉生舅舅越想越气，竟然被逼疯了，挑着矿砂沿着河岸来回走，寻找通往船上的木板。最后，有人通知了耿飚的父亲和大舅，来接回玉生舅舅。回去的路上，哭一阵、笑一阵，唱着本文最先开始写的那首歌谣。

水松铁路运行了几十年，源源不断地将黑白铅锌矿砂

◎**小贴士**

窄轨铁路：窄轨泛指两条铁轨之间的轨距小于1435mm（标准轨间距）的铁轨，包括米轨和寸轨，并且历史上至少有13种尺寸，其中最为常见的是1067mm和762mm。寸轨一般是矿山里的自备运货铁路，老百姓称之小铁路，中国改革开放之前很多矿山都有762mm小铁路，至今还有一些。窄轨有很多优点，铺设成本小；曲率半径小；车厢重量较轻，机车的牵引力不需要太大；可用于较大的路线坡度。寸轨可以满足一般大矿山的数十里距离的运货需求，比汽车的运量大得多，又没有多到要用大货车的程度。

运往湘江边上的渡口，见证了水口山悠久的采矿历史。到了抗日战争时期，日军占领水口山后，各种机械设备被毁坏，其中也包括这条铁路。新中国成立后铁路才被修复，将轨距扩大到762毫米，改用120匹马力内燃机车4台，每台可拖18辆矿车。随着水口山开采规模的扩大，将铁路延长到水口山三厂、四厂。开采的铅锌矿砂，可以直接从矿山运往厂内。直到1989年，因京广铁路线瓦园货场与瓦松公路建成投入使用，窄轨铁路被拆除。

瓦松铁路建成通车

30多年后，水口山又迎来了另一条铁路。2015年，为配合水口山40万吨金铜项目的建设需要，政府新建了一条从京广铁路瓦园站到常宁市松柏镇的电气化货运铁路——“瓦松铁路”，已于2020年2月正式通车。铁路开通后，直接与国家铁路网相连，货物直接通过铁路进出，减少了汽车转驳。同时，实现了铁水联运，原材料、货物可以享受“一站式”服务，每年可为水口山铜铅锌产业基地及沿线企业节省运输成本上亿元。

十一 炼铅工艺——烧结锅非普通的“锅”

“烧结锅”是第一代炼铅工艺烧结——鼓风炉的重要设备。烧结是将粉状含硫铅物料高温燃烧，氧化脱硫粘结成块，形成烧结块，再入鼓风炉熔炼产出粗铅。水口山建矿初期采用反射炉烘焙铅砂，脱硫效率很低。1919 年改用向上鼓风的铸铁烧结锅进行烧结烘焙，采用两次烘烧工艺。

烧结锅

在第一次烘烧中将硫脱除到烧结产物含硫 8%–10%，称为半熟砂，将其破碎后进行第二次烘烧，得到含硫 1%–2% 的烧结块，亦称熟砂，每段焙烧时间约 8 小时。

1949 年前的烧结烘焙过程全部操作均系手工作业，劳动强度很大，当时曾流行一道歌谣：“箩

鼓风车间

挑七十二（担），喘气不能语，手拿二十四（磅锤），左右齐飞舞。扛抬四百八（斤），汗水流如雨，烟气呛死人，工人苦中苦。”1957 年，随着水口山“薄层多次装料法”的使用，使焙烧的时间缩短为 4 小时。1968 年实现了烧结块用行车吊运和烧结块破碎机械化，进一步把时间从 4 小时缩短为 3 小时。烧锅时锅底的引火材料也从投产时使用木炭、茅柴，改成稻草、谷壳。陆续机械化的实现，终于使工人从繁重体力劳动中解脱了出来。

进入 20 世纪 80 年代后期，烧结锅开始采用皮带运输机运料、手工加料的间断操作法。每锅操作顺序是：先在锅底铺上一层稻草，稻草上撒一层谷壳，其上再铺一层稻

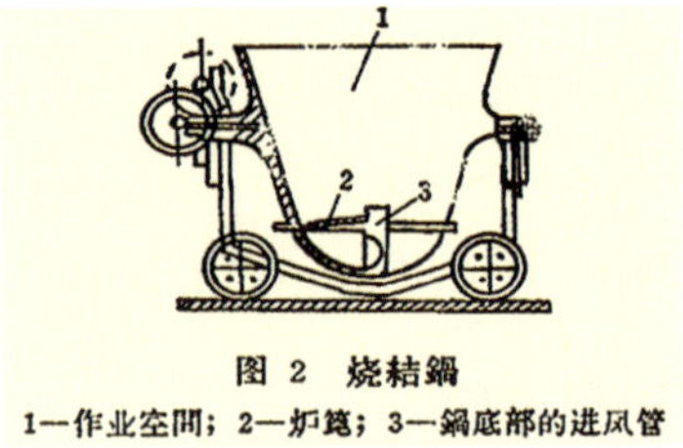

烧结锅工作原理

草。点火使稻草全部燃烧后加入两批配有焦粉或柴煤的混合炉料（即底料），待底料见火后加入第三批炉料，以后再按“看火下料”的原则陆续加入第四至第八批料，加入风量也由小到大。烧结锅的出料倒锅方式为人工撬锅。此后由老锻工李支友建议、设计并实施成功电机带动云顶、滑道导向式机械倒锅方式结束了几十年来人工倒锅操作。此法先后推广到河南、云南及全国各地的铅冶炼厂。到 2006 年，水口山已改造升级第三代“炼铅法”，而停止了烧结焙烧鼓风炉炼铅工艺的生产。

烧结车间

十二 一枝独秀——稀有金属“铍”的提炼

民间传言，水口山河里都流着黄金。历史上的淘金人，大多是在河里淘金，幸运者可从河沙中找寻颗粒状的金沙。实际上，河沙中含有20种很有价值的稀有金属，有的更是“世所罕见”的无价之宝。

中华人民共和国成立后，党和政府非常重视矿砂中稀有金属的综合回收。水口山矿务局于1954年用炼锌焙烧烟尘提炼电镉和硫酸锌。1957年在水口山第三冶炼厂成立综合回收工段，回收铟、硒、碲等稀有元素。同时新建第六冶炼厂，试制铍、钍、锆等稀有金属产品及其氧化物。后来一

“韦伯”太空望远镜使用的主镜材料——铍

些稀有金属产品滞销，故只生产金属铍、高纯氧化铍和铍铜合金。其中铍产品冶炼技术不仅闻名全国，更是处于世界前列。

在化学元素周期表中，铍(Beryllium)紧跟于氢氦锂之后，是一种灰白色的碱土金属，原子序数为 4，元素符号 Be。铍是最轻的稀有有色金属之一，具有诸多优异性能，广泛用于核技术、航天及航空工业、惯性导航仪表器等多种高

◎小贴士

铍合金：指以铍为基的合金和含铍的合金。主要有铍铜合金、铍铝合金、铍镍合金和铍钛复合材料。其中以铍铜合金应用最多，它含铍0.2%~2.8%，具有高强度、高导电率、高韧性、高疲劳极限、高耐磨性、耐海水腐蚀、无磁性、耐热冲击、碰撞时不发生火花等优点，广泛用于电器设备、电子装置和控制仪表等。

铍产业：目前世界上只有美国、中国、俄罗斯等国具有工业规模地从铍矿石开采、提取、冶金到铍金属及合金加工的完整铍工业体系。无论从市场份额来看，还是技术领先度来看，美国 Materion 公司、哈萨克斯坦的乌尔巴冶金厂（苏联铍业冶炼厂）、中国的水口山有色金属集团公司都具有冶炼加工能力。而日本的 NGK 公司是世界上最大的氧化铍进口商、第二大铍铜生产商，年产铍铜的能力至少在 6000 吨以上，生产 5 种牌号铍铜合金的各种产品。

精尖领域。铍具有低密度、较高的熔点、高模量、良好的辐照透过性、低的泊松比、核性能好、高比热、尺寸稳定性好、良好的热导率、对红外光的反射性及热膨胀的相容性好等一系列优良特点，相比其他金属在高精尖领域更具备应用价值。但由于其稀缺性，目前主要应用在国防军工领域，金属铍主要用户是国家库存收储。

水口山铍冶炼技术全国一枝独秀。水口山第六冶炼厂是亚洲唯一的铍冶炼基地，也是中国最早的铍产品生产基地，在这里诞生了无数个中国铍工业的第一：中国第一条氧化铍、金属铍和铍合金生产线，中国第一次在核武器和航天火箭上使用自主生产的铍，中国第一本系统阐铍的书籍，

水口山第六冶炼厂

中国第一次全国铍毒防护会议等等。1957 年，冶金工业部发文决定在水口山建立生产铍产品等稀有金属试验性工厂（即水口山第六冶炼厂）。同时委托北京有色冶金设计总院进行设计，称［123–57］工程。其中工业氧化铍车间设计年产 20 吨，1958 年 6 月基本建成投产。

第六冶炼厂采用硫酸法提炼氧化铍。具体过程是将绿柱石配以适量的方解石，置电弧炉中融熔；熔体经水淬后粉磨，加硫酸和水溶浸，使铍等转化为可溶性硫酸盐液；分离矽渣后，溶液加硫酸铵除铝，得附产品铝铵矾晶体；经离心分离后，滤液氧化除铁，得硫酸铍溶液；在溶液中加氨水，获氢氧化铍沉淀，经烘干并煅烧后，即得工业氧化铍，冶炼回收率为 78%—80%。提炼金属铍采用的是镁热还原法。将已经精制的氢氧化铍，加氢氟酸溶解，再加液氨进行盐析结晶，获得纯度较高的氟铍酸氨结晶，然后加热分解，得纯氟化铍；与镁一并置于感应电炉中，还原成金属铍珠，冶炼回收率为 49%—50%（从硫酸铍溶液算起），金属铍的纯度为 99.0% 左右。

第六冶炼厂的铍系列产品

经过几十年的发展，第六冶炼厂现有

职工 900 余人，其中专业技术人员 150 余人，有 60 多人的化验队伍和专门质监机构，1998 年通过 ISO 9002-2000 质量体系认证，已成为世界铍及其系列产品研究、生 产、销售的一支重要力量。该厂生产的铍系列产品，由于品质过硬，技术领先，为我国航天工业及电子工业发展提供了有力支撑。第一颗原子弹爆炸、第一颗导弹发射、第一颗人造卫星上天、“神舟”系列飞船成功飞行、“嫦娥”系列探月与航天工程均有水口山提供的特殊材料。党和国家领导人罗瑞卿、耿飚、张爱萍等先后到六厂视察；中共中央、国务院、中央军委和国防科工委多次致电祝贺，对六厂为国防建设作出的贡献给予高度评价。

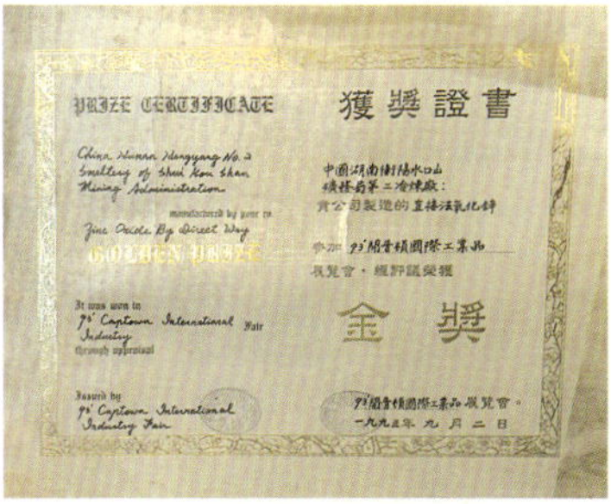

铍产品获奖证书

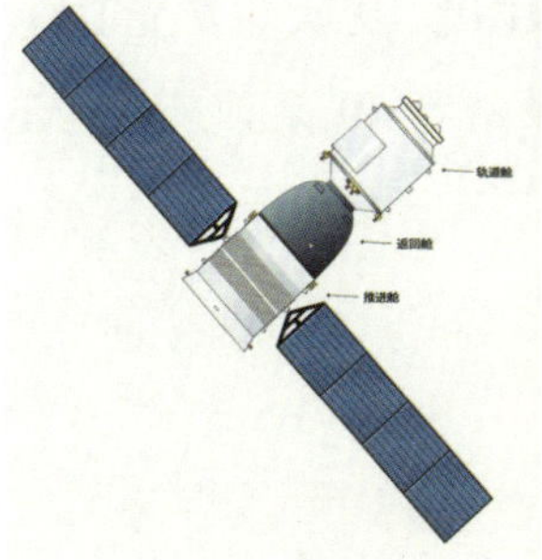

神舟飞船结构示意图

嫦娥四号月球探测器

◎小贴士

神舟系列飞船：神舟飞船是中国自行研制，具有完全自主知识产权，达到或优于国际第三代载人飞船技术的飞船。神舟系列载人飞船由专门为其研制的长征二号F火箭发射升空，神舟1–4号没有载人，是无人飞船或者模拟载人飞船。其后除了神舟8号是模拟载人试验，神舟5–11号，均实现了载人航空。

嫦娥系列探测器：嫦娥系列探测器是中国探月工程的重要组成部分。目前已成功发射多个嫦娥绕月探测器，主要是对月球进行各项数据分析，包括对着陆区的现场调查、勘探、月球表面取样等。

目前，第六冶炼厂生产的部分产品远销国外，呈供不应求之势。如：其生产的“宇宙牌”金属铍珠荣获北京国际博览会金奖，铍铜合金获国家银奖，工业氧化铍和铍铜母合金两种产品顺利打入国际市场。此外，还有工业氧化铍、高纯氧化铍、氧化铍陶瓷、无火花安全工具、铍铝合金、铍镍合金、锌合金及锆等 30 余种产品均走向国际。

十三 开创先河——“井”与“厂”

1896年左右，水口山仍沿用土法开采，实际上就是露天采矿，在平地上凿开宽深数百米不等大口子，四周凿成斜坡，以便人员上下。随着开采的不断深入，过深的坑道导致矿石起运困难，而且窿内涌水过大，仅凭人力无法排干，采掘和运输成本逐年增高。当时，国内尚无制造矿山机电设备的厂家，又不具备引进此类设备的经济、技术条件。矿山总办廖植基报请湖南省矿务总局批准新坑，谋求开采矿床深部。1905年，由时任矿局设计师、广东新会人夏估卿设计的老鸦巢第一坑斜井工程建成。该井筒斜长180米，垂深

民国时期，水口山矿坑全景

147 米，井巷内安装有电灯，铺设铁轨，以蒸汽为动力设有提升机、抽水机等机械设备，成为中国首个用蒸汽作动力，使用卷扬机、钢轨等机械设备提升矿石的有色金属矿井。

在矿井内，搬运、支柱、通风、排水、照明等部分按照现代采矿进行设置。例如：搬运部分，在坑口附近安设一架 50 马力起重机，坑内铺设双轨铁道，供台车运行。台车有两层，每层可装 0.38 立方米的木质矿车 1 台，人员与材料入坑均由台车运送。矿车每次可运砂 1 车，重约半吨，

◎小贴士

抽水机：抽水机又名“水泵”。离心式抽水机，是利用叶轮转动，带动水获得离心力，水就提升到高处，但是在离心泵的吸入口的高度，还是受到大气压力的制约。轴流式水泵，和电风扇的原理类似，旋转的桨叶，把水推向水泵轴方向的后方。轴流式水泵流量大，但是提升高度（扬程）不大。

提升机：通过改变势能进行运输的大型机械设备，如矿井提升机、过坝提升机等。广义地说，电梯、天车、卷扬、稳车、吊车等均可称为提升机。提升机一般指功率较大、提升能力较强的大型机械设备。通过动力机械拖动柔性件钢丝绳及所运输的货物上下运动完成运输过程，钢丝绳是起重机械不可或缺的重要零件，主要品种有磷化涂层钢丝绳、镀锌钢丝绳、不锈钢丝绳、光面钢丝绳等。

民国时期的二号竖矿井

每日可由窿内运出毛砂200吨。一坑斜井开拓甲、乙、丙三层，丙层以下为直井，安设15马力双绳起重机1架。各平巷设有24磅轻轨，采矿场采得砂装入车内用人力推至直井或斜井处再用起重机吊出。支柱部分，斜井与直井的四周均用大木作支架，中间设一寸厚的木板以防止崩塌。所用木材为大花木、小花木、大皮木（5寸以上）、小皮木（5寸以下）等数种。通风部分，采用天然通风法，新鲜空气由第二坑导入经过长风巷深入下部由一坑而出，局部间用风鼓以补充天然通风的不足。排水部分，由于一坑甲丙丁戊四层均有积水池，因此甲层设有50马力5寸双心抽水机2部，丙层设有50马力5寸

水口山二号竖矿井

洗砂台的淘洗箱

威尔夫勒洗床

双心抽水机1部，30马力5寸单心抽水机2部，丁层设有30马力5寸单心抽水机1部，30马力四寸双心抽水机1部，戊层设有30马力5寸单心抽水机1部。照明部分，窿内每隔一段距离均布置有电灯。

老鸦巢第一坑斜井建成后，水口山的生产被动局面大有改观，运输和抽水问题得到解决，矿石产量剧增。一坑投产前，矿石年产量约为1.84—2.05万吨，1907年投产后矿石年产量为2.94万吨，次年产量上升到3.32万吨，此后逐年有所增加。1914年，在第一坑附近开拓第二坑竖井作为主风井，此后陆续开拓三坑和四坑暗井，形成一个竖井、盲井和斜井的联合开拓系统。井下工程每年都有扩充，生产规模逐渐完善。一坑投产之后，不仅矿石产量大大提高，更重要的是揭开了水口山深部丰富的铅锌矿床及其埋藏条件，为后来的地质工作者在研究铅锌矿的成因方面提供了第一手资料。

水口山铅锌矿开办初期，采用的是手工选矿，铅、锌的产量和品位都不高。1909 年水口山建成了生产规模为每日 200 吨、能处理非手工所能选别的铅锌混杂矿选矿厂，这是我国第一座机械重力选矿厂。该厂有厂房六层，主要设备有颚式破碎机、对辊破碎机、圆筒回转筛、淘洗箱、威尔夫勒洗床等 50 台。全厂以蒸汽为动力，共 120 匹马力，设有锅炉 3 台。厂内装有手动吊车，原矿及废石利用卷扬机运输。这也是当时远东设备最完善、规模最大、产量最多的铅锌选矿厂。

水口山选矿厂建成以后，铅锌产量和质量都有提高。从 1925 年至 1930 年的 6 年之间，水口山最高年产铅精砂 9265 吨、锌精砂 30263 吨。当时，“无论设备之完整、规模之宏达、产量之丰富，均甲于远东，驰名中外。”可惜于 1944 年被日军破坏殆尽。

十四　冠领全球——“SKS”印记

“SKS”炼铜法的诞生

“SKS”炼铜法，又名水口山炼铜法，是20世纪80年代末由水口山矿务局联合北京有色冶金设计研究总院、北京矿冶研究总院合作完成的新炼铜工艺。该工艺的诞生彻底改变了我国铜冶炼技术全部依赖国外的状况，最大限度提高矿产资源的利用率。从1989年开始，经过长达3年的持续攻关，联合研发团队最终研发了氧气底吹熔池炼铜技术（简称“SKS”炼铜法），被誉为目前全球工艺水平最高

“SKS”标志的铜矿石

的铜冶炼技术。

该工艺步骤是先将铜原料投入底吹炉，进行富氧底吹熔炼，除掉大部分铁、硫和其他杂质，变为铜锍；然后进入转炉吹炼，进一步除去铜锍中的铁、硫和其他杂质，变为粗铜；再进入阳极炉精炼，浇铸成阳极铜。接着，阳极铜从火法熔炼区送至湿法冶炼区，先整形规正，再电解，最后经过洗涤、剥片，成为成品阴极铜，含铜量高达 99.9935%，也就是可直接作为铜产品加工原料的一级铜。铜被炼出来，伴生的金、银等贵金属也没被落下，通过精炼、电解、阳极泥处理，提炼出成品金、银。这种冶炼工艺新颖可靠，脱硫、脱砷率高，炉衬无严重受蚀部分，炉密封性好，无烟气外泄逸散，熔池内无四氧化三铁沉淀。“SKS”炼铜法是继白银炼铜法之后我国自己开发出的又一个熔池熔炼新方法。

“SKS”炼铜法研发成功以后，由于诞生工艺备料系统简单，原料适应性强，综合回收效果好，迅速推广用于解决江西铜业公司闪速炉黑烟尘返回难题和含砷铜杂料熔炼问题，为该公司铜冶炼中杂质处理找到了出路，同时也为含砷铜精矿处理找到了最佳方法。“SKS”炼铜法已被国内数十家铜冶炼企业广泛运用，山东东营方圆、恒邦已成功运用该工艺取得了良好的经济效益与社会效益，并相继推广到越南生权铜联合企业、澳大利亚铜企业等多个国家，被誉为“世界冶炼技术史上的奇迹”。目前，中国五矿集团在湖南的首个重大投资项目——总投资近30亿元的水口山金铜工程也是采用该法生产，建成后可实现年产阴极铜10万吨、黄金2.4吨、白银200吨、硫酸50万吨，处理铜物料50多万吨，预计年营业收入可达70亿元，利税3亿元以上，等于再造一个“水口山”。

“SKS”炼铅法的研发成功

在炼铜技术创新基础上，水口山矿务局与相关单位经过十余年的艰苦探索和钻研，改造了水口山第三冶炼厂原来使用的一种“烧结锅焙烧——鼓风炉熔炼”工艺，共同研发了氧气底吹炼铅法工艺，并分别获得“中国有色金属科技进步一等奖”和“国家科技进步二等奖”。1998年中国有色工程设计研究总院带头，组织池州冶炼厂、河南豫光金铅集团、温州冶炼厂和水口山矿务局五方集资，进行氧气底吹熔炼——鼓风炉还原炼铅试验并取得了成功，形成了具有自主知识产权的“水口山炼铅法”新工艺，又称“SKS”炼铅法。

该法工艺分为氧化和还原两段进行。在一个水平回转式熔炼炉中（该炉长度比较短）加入铅精矿、含铅烟尘溶剂及少量074粉煤。这些材料经计算、配料、圆盘制粒后，由炉上方的气封加料口加入炉内；工业氧气从炉底的氧枪喷入熔池，氧气进入熔池后，首先与铅液接触反应，反应生成的一次粗铅和氧化铅（PbO），氧化铅渣则由铸锭机铸块后，送往鼓风炉还原熔炼，产出二次粗铅。熔炼过程采用微负压操作，整个烟气排放系统处于密封状态，从而有效防止了烟气外逸。同时，由于混合料是以润湿、粒状形式输送入炉的，加上在出铅、出渣口采用有效的集烟通风措施，从而避免了铅烟尘的飞扬。而且在吹炼炉内只进行氧化作业，不进行还原作业，工艺过程大为简化。

以“SKS”炼铅法为技术依托，2005 年 8 月“水口山第八冶炼厂”应运而生。该厂达成了年产粗铅 10 万吨、硫酸 10 万吨的生产能力，二氧化硫烟气回收率达 96%，粗铅产出品位达 97%，生产效率提高 40%。整套设备实现自动化控制，极大地降低了工人的劳动强度，改善了生产环境，标志着水口山由小规模粗放型生产向大规模集约型经营、由资源消耗型向环保效益型企业的成功转变，水口山从此迈入了大规模现代化工业生产的行列。由于具有投资省、见效快、原料适应性强、尾气及粉尘排

“SKS”炼铅法生产场景

放量远低于国家标准的巨大优势，“SKS”炼铅法被国内多家冶炼厂竞相采用。迄今为止，在我国成功运用改法的企业近 30 家，年产量规模达 250 余万吨，占全国矿产铅总产能 50% 以上。

2013 年初，水口山有色金属公司依靠自身技术力量，实施液态高铅渣直接还原项目，对炼铅工艺进行升级改造，建成了国内同类型最大的富氧侧吹还原炉。项目采用先进的有机胺可再生脱硫技术，成功设计并应用整体埋管式铜喷嘴，首创炉缸整体捣筑成型技术，经济效益和环保效益显著。相比之前的鼓风炉，侧吹炉产能极大提升，技术经济指标显著提高，渣含有价金属、能耗均大幅下降，每年可综合增效数千万元。通过不断创新，水口山的铅冶炼技术一直处于世界铅冶炼技术先进行列。

“既要金山银山，又要绿水青山。”绿色发展不仅是

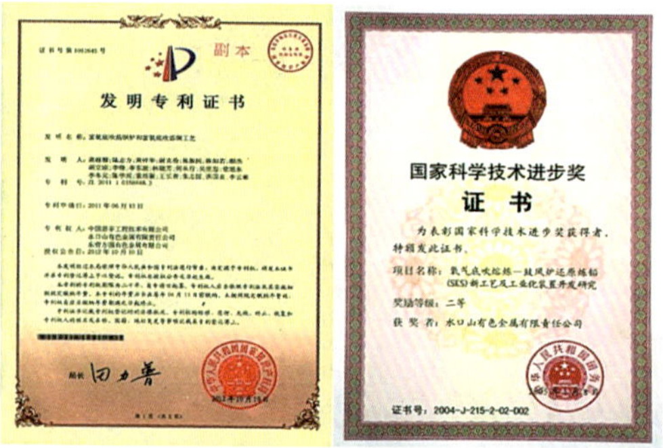

“SKS”炼铅技术获得“国家科学技术进步奖”

水口山生产的金锭

水口山生产的银锭

一种发展方向，更是一种责任。翻开今天水口山绿色创新的一页，又有若干个世界（国内）第一产生：世界最大的152平方米沸腾焙烧炉，世界最大的单系列30万吨浸出和OTC溶液深度净化系统，国内独创兼顾分时效益的大极板电解和自动剥锌技术，行业最大的富氧挥发回转窑、铟直接萃取提炼锌铟，保障工业废水零排放的特有污酸处理技术，全厂智能化生产控制/决策支持系统，自主知识产权SKS炼铅、炼铜技术……一系列科技创新，让水口山绿色转型发展积蓄了后劲，一个世界级铜铅锌基地正在诞生。

十五　少年英雄——耿飚

关于水口山工人运动，不得不提到一位无产阶级革命家——耿飚。耿飚 1909 年出生在湖南醴陵，1925 年加入共产主义青年团，1928 年参加中国共产党。第二次国民革命战争时期，历任浏阳醴陵游击支队小队长，红三军九师参谋，干部教导队长，团长，师参谋长，红四方面军第四军参谋长，参加长征；抗日战争时期，任八路军副旅长兼政委、参谋长，晋察冀军区参谋长；解放战争时期，任晋察冀野战军参谋长，第十九兵团副司令员兼参谋长；1949 年后，历任外交部副部长，中共中央联络部部长，国务院副总理，中央军委常委、秘书长，国防部长。中共第九、十届中央委员，十一届中央政治局委员，第六届全国人大常委会副委员长。

1916年，年仅7岁的耿飚与父母一道，从家乡醴陵投奔在水口山矿当矿工的舅舅宋乔生。他12岁就开始在水口山铅锌矿做“敲砂麻蛔”（敲砂童工）。年幼的耿飚两眼炯炯有神，较同龄的小伙伴略为强壮。随着他“哇”的一声，一块小木盆大小的矿石被敲碎。他熟练地把白色的废石和黄色的大粒硫磺石选出扔在一边的筐里。就这样，每月能得到1块钱补贴家用。一想到家里七口人，全依赖父亲在矿上做工养活，他心里就不是滋味，自己年纪小又做不了重活儿，即使能做重活儿也赚不多。耿飚的舅舅将一担100多斤的铅砂从十几里的地方挑上外国轮船，也才5个铜板，在渡口歇脚还会被矿务局组织的工头扣掉3个铜板。耿飚越想越气愤，把心中的怒气全发泄在矿石上，这些矿石犹如矿务局那些肥头大耳的老爷、凶狠的监工，要用锤子砸个粉碎。耿飚的任务每天能提前完成，再帮一下瘦弱的小伙伴。

旁边的小工友趁着监工不注意，轻声地对耿飚说：“回去通知你乔生舅舅，晚上到水泵房搓骨牌。”乔生舅舅多次去了水泵房，有时是被叫去搓骨牌，有时是有人请吃豆腐。有次乔生舅舅从水泵房回来

水口山工人斗争所用武器

后，脸上泛着红光，非常高兴叫耿飚的父亲把矿上不合理的事情写下来。一家人七嘴八舌地说着矿上的不公。比如工资不发现金，而以矿票代替。矿票只能在矿里的商店使用，购买一斗米，往往不到八升，还有很多泥沙。耿飚知道舅舅肯定不是去打牌或者喝酒吃饭，一直缠着问是去干什么了。舅舅没办法，把他拉到屋外，告诉他从长沙来了个毛委员给他们开会，号召工人起来反抗矿务局。此后，每次水泵房开会的时候，耿飚就在旁边的火车坪捡碎矿石，实际上是放哨。

水口山工人大罢工中，几百名敲砂童工创造了轰动全国的童工大捷，其领头人就是耿飚。1922 年 12 月 21 日，水口山工人大罢工已持续了 16 天，巨大的损失让反动矿局再也坐不住，他们将枪口、棍棒对准了矿山的敲砂童工。柿子捡软的捏，反动派却不曾想碰了壁，吃了一鼻子的灰。面对逼迫童工上工的矿局爪牙，机智英勇的耿飚和小童工们毫不示弱，他们紧握着拳头纷纷喊着：“不答应条件，就不敲砂！”几个矿警闻讯赶来，用枪口指着这些童工。面对敌人的枪口，耿飚与童工们仍不畏惧，一同高喊着劳动号

耿飚在水口山参加革命

子，气势磅礴如同雷鸣，吓得矿警连连后退！此时，宋乔生带领工人纠察队迅速赶来，敌人见状四散逃跑，英勇无畏的童工们赢得大捷。这就是水口山工人运动史上著名的“一二·二一童工大捷”。事后，中国劳动组合书记部通电赞扬：“……罢工十余日，俱乐部日夜训练，即幼童亦变为强夫矣！”

矿务局引进西式开采法后，用七层的洗砂台即新式的选矿流水线代替了效率低下的“敲砂麻蝈”。耿飚于是来到机械科当学徒，打铁、修机器、安装电线等啥都学，啥都干，表现很好。经过 4 个月的学习，耿飚较熟练地掌握了各项操作技能，被派去洗砂台工作。刚开始，耿飚在第二层传送带旁边工作，把夹杂在碎矿石里的稻草圈子拣出来。稻草圈子是开采矿石盖在炮眼上，防止钻尘反射用的。过了一段时间，耿飚被派到最上面一层工作，独自掌管一台颚式破碎机，工作程序更烦琐，对于 14 岁的小孩子来说是一个巨大的挑战。洗砂台只要把最下面的铁门一关，矿警、监工都不会过来，机器的轰鸣声、灰尘等很大。洗

见证过耿飚革命斗争岁月的大枫树

耿飚曾经生活工作的“半边街”

砂台因良好的隐蔽性，成了党组织召开会议的重要场所。耿飚往往是在最下面一层，等人到齐后，就关上门并负责警戒。

在水口山，耿飚做过童工、当过“敲砂麻蛔”，学过徒，当过机械科的工人，受乔生舅舅指派，为水口山的党组织站过岗、放过哨，送过信，参加过水口山工人大罢工，加入了共产主义青年团。在血与火的斗争中由一名懵懂少年，成长为一名坚定的革命战士。

1926 年冬，宋乔生派耿飚到衡阳东阳渡枪炮局秘密接运一批枪支弹药。枪炮局原是水口山银矿局，隶属于水口山矿务局，后来被反动军阀改为枪炮局。因此两方工人之间很是熟悉，顺利地在枪炮局建立了地下党组织。地下党组织准备好了一批武器，用于支持水口山工人开展武装活动。这是耿飚第一次单独执行上级任务，于是化装成一个流浪少年，蹲守在枪炮局门口一个旅社的墙下，发现枪炮局门房的一块粉板上，写有好多人的名字，其中就有他要找的那个人。每当这些人下班后从车间

“半边街”街景

出来都要在粉板前排好队，门卫搜身完在自己的名字下方打上“正”字。他反复观察验证，认准了要接头的那位同志，然后对上暗号接上头，成功地接出了16支“汉阳造”步枪和两箩筐子弹。

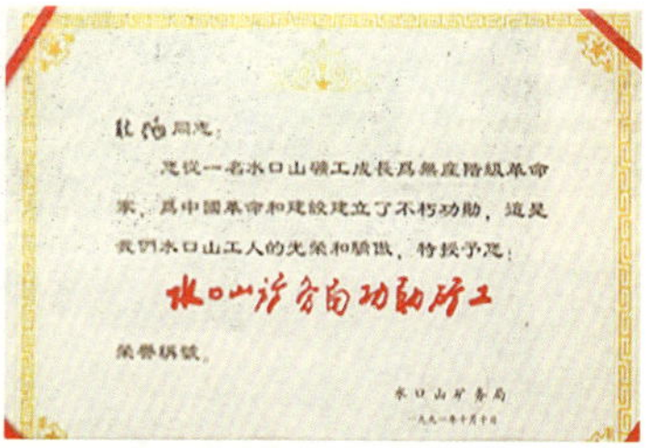

耿飚“功勋矿工”的荣誉证书

此后，耿飚走出水口山，登上井冈山，投身全国革命浪潮，建功立业，成为著名的无产阶级革命家、军事家和外交家。

耿飚在水口山生活了10年。他曾动情地说：“水口

◎小贴士

汉阳造步枪：最早由汉阳兵工厂生产的枪支，原型为德国1888式委员会步枪。由于该枪存在着装弹退弹困难、抽壳可靠性不佳、容易炸膛等问题，德国军方遂将枪的设计资料和生产机械卖给了清政府。从1896年开始，汉阳兵工厂开始生产此型步枪，定名为八八式。此型步枪在中国前后生产了将近50年，为当时中国生产时间最长的一种轻武器，是国内各个武装部队的轻武器装备的主要枪型，创造了中国战争史的一个传奇神话。汉阳造步枪另外一个让世人熟知的事件就是1911年10月10日晚上，武昌新军所开的第一枪，用的就是汉阳造，由此打响了推翻千年帝制的辛亥革命。

耿飚题词石刻

山的10年，是我参加革命的起点，我常常一闭眼，脑中就浮现出宋乔生舅舅等同志的形象，正是他们教育我，翻身求解放的唯一法宝——马克思主义。正是他们引导我走上了武装斗争的革命道路……水口山，这时才真正成为我一生中最难忘的‘宝山’。”1991年10月8日，82岁的耿飚回到了阔别65年的水口山，欣然接受了“水口山功勋矿工”这一荣誉称号。他说：“在我革命一生所得的荣誉中，这个称号具有特别的意义，因为它和我人生的开端紧紧地联系在一起。”

十六 炼锌之父——饶湜

饶湜

在奇幻的化学世界里，锌这个元素的本领可谓神通广大，小到生产民用之需的电池，大到生产军工枪炮子弹壳的合金，都离不开它。锌所涉及的工业领域就更加广泛：电气工业、机械工业、军事工业、冶金工业、化学工业、轻工业、医药业等通通不能离开它。实际上，早在《天工开物》中就介绍了锌的冶炼方法：把炉甘石（ZnCO3）和煤炭饼装入炼锌罐再泥封，“其底铺薪，发火煅红”“冷定毁罐取出”，这是一种土法炼锌。如果要问谁是中国现代西法炼锌的第一人，毫无疑问非“炼锌之父”饶湜莫属。

饶湜，字或安，1892 年出生于湖南长沙金井镇附近的

◎小贴士

《天工开物》：作者是明朝著名科学家宋应星。全书共三卷十八篇，收录了农业、手工业，诸如机械、砖瓦、陶瓷、硫磺、烛、纸、兵器、火药、纺织、染色、制盐、采煤、榨油等生产技术。它是世界上第一部关于农业和手工业生产的综合性著作，是中国古代一部综合性的科学技术著作，有人称它是一部百科全书式的著作，外国学者称它为“中国17世纪的工艺百科全书”。

一个村庄里。他幼年家境清贫，父亲是一名乡村郎中，靠行医维持一家生计。他先后就读于长沙官立十七号初小、明德高小，18岁考入经正中学，到1911年修业期满。在学校的熏陶和社会的影响下，饶湜经过长久思索，确定了以振兴祖国工业为其一生的志愿并加倍刻苦学习。他20岁考上了湖南公立工业专门学校（湖南大学的前身）矿冶科，但随着家道衰落，只得靠晚间担任家庭教师所得收入作为学费。1915年毕业后，他凭借大学勤奋刻苦的钻研，最终学有所用，毕业后到水口山矿务局任测绘员。次年春，调长沙黑铅炼厂任工程员，历任监炼员、烘砂炉分班主任、鼓风炉主任、副总工程师、工务科长、总工程师。也就是说饶湜是从基层岗位一步一个脚印成长起来，熟悉铅矿冶炼的各道程序，有深厚的技术基础，是一名实干家。这也为他后来在锌矿冶炼方面取得巨大成就奠定了良好的基础。

1932年秋，湖南省正式成立湖南炼锌厂筹备处，任命饶湜为筹备处主任，负责改革土法炼锌。土法炼锌历史悠久，但所用设备简陋，质量低劣，冶炼回收率仅45%，炼一吨锌耗煤17吨，比西法高出3倍，故成本也高。湖南省建设厅对此甚为不满，对饶湜充满希望，希望他能够改革，取得良好成果。实际上，饶湜在黑铅炼厂工作多年，任总工程师后工资优厚，本可不必另调工作，但他以炼锌大局为重，欣然束装赴任，试验采用世界已通用的横罐炼锌法。饶湜接受任务后，不少亲友及同学都为他捏一把汗。横罐炼锌的难题，就是要使横罐能够承受炼锌需要的高温即1300摄氏度以上。当时请来的德国“洋专家”耗费巨资，终因炼罐问题宣告失败（当温度达到摄氏1200度的时候，炼罐即软化）。洋人尚且闯不过的关，中国人能行吗？

要攻破横罐炼锌这一难关，唯一可供参考的是英、美出版的《炼锌学》，书上仅有基本原理介绍和简单示意图。可有了简图，还得解决横罐所用的耐火材料问题。上哪去找这些材料呢？饶湜反复揣摩，在湖南的东安、湘阴等地，蕴藏有丰富的优质耐火泥矿，是不是可以做炼罐材料？长沙附近的铜官及醴陵等地的陶瓷工业已有数百年历史，能不能请当地有成熟烧窑经验的老窑工？这些大胆的设想和

◎小贴士

火泥：火泥又称耐火泥。通常指耐火黏土与黏土熟料（或废黏土砖）配合而成的混合粉料。熟料可一部分或全部用砂、硅石、石灰泥岩等代替。有时加少量水玻璃作胶粘剂。建筑窑炉用作砌筑粘土质耐火砖的胶结材料。

实地考究之后，他便在长沙南郊金盆岭租了几间旧房做工棚，运来湘阴的耐火泥作生料，掺入开滦旧耐火砖碎碴作熟料，聘请几位老窑工，开始了炼罐的试制工作。他亲自绘图配料，将材料混匀、揉熟、倒紧成型，日夜蹲在工棚，与老窑工共同琢磨，就这样反复研究、设计、施工、摸索、修正，终于带着他的“研发团队”制出了第一批炼罐，满怀期待小心翼翼地送到长沙宝华玻璃厂窑内试烧。功夫不负有心人，炼罐达到了炼锌的高温要求即能够承受 1300 摄

◎小贴士

横罐炼锌：20世纪初采用的主要炼锌方法。一座蒸馏炉约有300个罐，生产周期为24小时，每罐周期生产20–30kg，残渣中含锌约5%–10%，锌回收率只有80%–90%。横罐炼锌的生产过程简单，基建投资少，但由于罐体容积小，生产能力低，难以实现连续化和机械化生产。而且燃料及耐火材料的消耗大，锌的回收率还很低，所以目前已经淘汰。

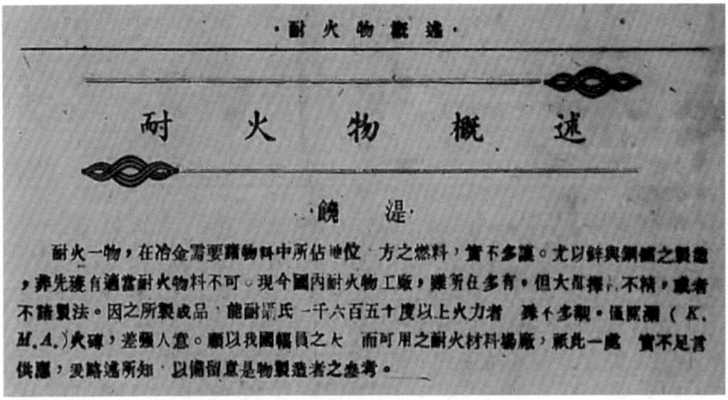
·耐火物概述·

耐火物概述

·饒　　湜·

耐火一物，在冶金需要諸物料中所佔地位，方之燃料，實不多讓。尤以鋅與鋼鐵之製造，非先獲有適當耐火物料不可。現今國內耐火物工廠，雖所在多有，但大都擇料不精，或者不諳製法。因之所製成品，能耐華氏一千六百五十度以上火力者，殊不多覯。僅開灤（K.M.A.）火磚，差強人意。顧以我國幅員之大，而可用之耐火材料場廠，祇此一處，實不足言供應，爰略述所知，以備留意是物製造者之參考。

饶湜发表在《工程会报》上的专业论文

氏度的高温。锌砂装入炼罐，在小型蒸馏炉内试炼后，10天之内共炼出锌块3.5吨左右，试验获得了初步成功。

炼锌试验成功后，湖南建设厅根据饶湜的建议划拨三汊矶180亩原陆军工厂厂地，开办当时中国唯一的炼锌厂。饶湜被任命为湖南炼锌厂总工程师兼厂长，负责湖南炼锌厂的筹建工作。饶湜选择三汊矶为厂址，这里位于湘江之滨、距长沙7.5公里，并在沿江高阜处建厂房、砌炉座，安装机械设备，经过一年多的筹备、紧张施工，中国第一家采用横罐炼锌工厂——湖南炼锌厂，于1934年7月26日正式建成投产，厂内设备有发动机、洗矿机、磁选机，炉座有烘砂炉、蒸馏炉、反射炉、烘罐炉等。同日，用火法横罐炼锌炼出了我国第一炉锌。

湖南炼锌厂的设立，结束了自隋、唐以来1000多年土法炼锌的历史，也打破了国内市场洋锌一统天下的局面，开启了大规模的高效炼锌时代。该厂采用新式炼锌法，不仅取得了较好的经济效益，更是为抗日战争提供了不可多得的军工原料。

国产锌品成功生产出来后，产品销售又成了问题。原来，上海、武汉一带的厂商习惯于用“洋货”，这国产锌能用吗？质量靠谱吗？对国货是一百个问号。产品积压，资金无法周转，职工领不到工资，湖南省建设厅给工厂的困难回答就四个字：自行解决！饶湜决定亲自推销产品。“进口的洋锌也是我们的原料加工的，现在我们的技术已经攻破了他们的软肋，况且在价格上，每吨要比进口锌足足少 40 元……”跑了很多家厂商，很多厂商半信半疑，有的厂商开始少量进货，使用以后发现国产锌一点不比进口锌差，且货源有保障，价格也是良心价。饶湜亲自出马，使国内厂商对国产的锌制品有了信心，打破了帝国主义对锌产品的垄断。国产锌的好口碑就这样不胫而走，大家纷纷来厂订货，在上海就成交了 200 吨，销路从此不再是难题。炼锌厂从 1935 到 1936 每年产锌都在 700 吨以上，产品供不应求，年盈利超过了 2 万元，所得全部上交政府。湖南省政府为奖励饶湜的“劳绩卓著”，发给他奖金 4000 元，并将锌厂列为湖南省四大工矿企业之一。

全面抗战爆发以后，炼锌厂曾被迫三次搬迁。1938 年日军侵占武汉，长沙局势紧张，湖南省建设厅命令将重要机器设备搬迁益阳三堂街，其他大小设备埋于三汊矶山中。1940年战争间隙，又在常宁松柏建立分厂，恢复部分生产。与此同时，饶湜还在长沙老厂旧址建成碾片部，利用双辊轧机将锌锭碾压成片，增加新品种。当时沿海城市沦陷，日军对内地实行封锁，锌厂的产品解决了抗战大后方一部分军用民需。例如当时市场上所用的干电池外壳，就是用湖南炼锌厂的锌片所制成。1944年日军侵入湘南，饶湜再次组织将工厂的主要物资迁存至衡阳、宁远金洞，直到次年秋日本投降后才返回三汊矶旧址复工开炉炼锌。1949年8月长沙和平解放，解放军军代表范希明接管湖南炼锌厂，并嘱饶湜继续负责炼锌厂工作，12月16日正式恢复生产。

湖南炼锌厂旧照

湖南炼锌厂老车间

新中国成立以后，党和人民政府重视知识分子的作用，饶湜仍在该厂任原职。1951年湖南炼锌厂划归水口山矿务局，改厂名为水口山矿务局第一冶炼厂。1954年4月2日至12日，饶湜在水口山一厂主持了较简陋的火法横罐炼锌，采取在焙烧过程中脱除铅、镉等杂质的措施，成功地炼出锌品位为99.99%的高级纯锌。为此，《湖南矿工通讯》《新湖南报》纷纷来为这位炼锌专家的实力站台：“火法炼锌，全国创举”“用简单的横罐炼锌达到四个九的品位”，就连当时来援建的苏联专家亦誉为奇迹。当年9月，饶湜以水口山矿务局第一副总工程师身份，赴401厂（现为葫芦岛锌厂）协助指导工作，后又参与设计和筹建水口山第四冶炼厂和株洲冶炼厂。

饶湜成功地炼制出锌产品，一定程度上改变了中国在国际矿产贸易上的不利地位，推动了民族工业的进步，特别是对新中国实现工业化有积极的影响。饶湜为我国炼锌事业付出了毕生的精力，作出了卓越的贡献，先后被评为湖南省第一届工业劳动模范、湖南省劳动模范，1952年任湖南省第一届政协委员，1958年6月当选为湖南省第二届人民代表大会代表。他晚年还编著了《锌的冶炼》等著作，记载了20世纪30年代以来火法炼锌工艺技术和实践经验。

十七 红色管家——易会才

水口山有一位著名的“红管家”“节约能手”，他的名字叫易会才。1914 年，易会才出生在湖南湘阴的一个三代雇农家里。他小时候跟着妈妈讨过饭，给地主放过牛，在资本家店里当过童工，受尽了地主、资本家的残酷压榨和折磨，尝尽了旧社会的辛酸和饥寒。1954 年，易会才进入水口山矿务局铅锌矿当工人，矿领导问他：“你想干什么工作？”他说：“干什么都行。”此后他加入中国共产党，工作调动了四次，但他始终干一行，爱一行，全心全意，兢兢业业干好本职工作。同志们称赞他，他总是谦虚地说：“共产党员不图名，不图利，一心图的

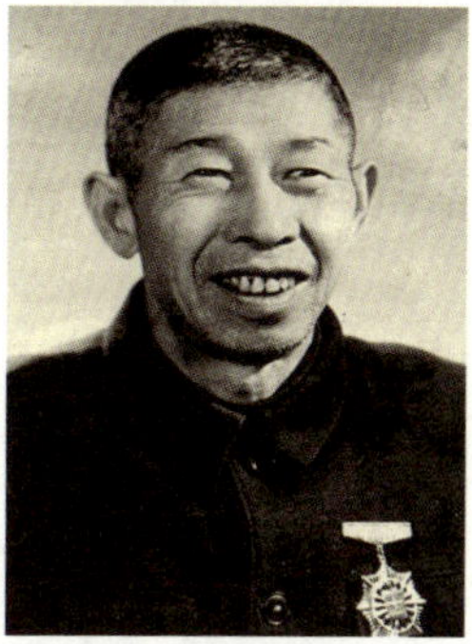
易会才

是建设社会主义。”

最初，易会才被分配到水口山矿务局当搬运工。他一到矿里，就以主人翁的姿态工作着。每天上班他来得最早，班前就做好准备工作。下班他走得最晚，总要把工具收捡好，为下班生产创造条件。他利用工间休息时间到处检查，发现铁轨边有矿砂阻塞就扒开，发现钢轨不平就垫起，发现矿桶不好使就维护修理。

由于矿井下缺人打扫厕所，矿上决定调易会才去。他毫不犹豫地回答说：“只要党和人民需要我去，我就去！”有的人问他：“你不怕苦、不怕脏呀！”他笑着说：“能为人民做点事情，自己吃点苦，没有什么。”他一到井下就把厕所清扫洗刷了一遍。有的厕所空气不好，他就想法迁到空气流通的地方去。他发现一条新巷道里有 70 多人工作，没有厕所，于是他就在这个巷道里设了一个厕所。他不怕苦，不怕累，每天把粪桶背在背上，沿着 50 米长的斜坡木梯，爬上爬下。工人们都十分感动：“老易心中时时想着人民，就是不考虑自己。”

矿办养猪场遇到困难，易会才被安排来到养猪场当饲养员。他调查养猪场情况后激动地说：“这都是人民的财产啊！人民交给我们来管理，我们就要尽到责任。”养猪场工人们都说：“老易，你带头，我们一定跟着来！”易会才卷起裤脚，走进猪圈，把猪粪一堆堆地从猪圈扒出去。

大家也都跟着干起来。他们把猪圈打扫得干干净净，还给猪洗澡，晒太阳。冬天，猪场缺饲料，易会才和大家迎着严寒风霜，一人一担箩筐，到距离农场五里多路的塘里去捞猪草。矿上批给养猪场7000块钱用于盖猪圈。对此，他算了一笔细账，觉得买稻草不合算，就发动大家想办法，提出上山砍茅柴，自力更生盖猪圈的建议。这一建议得到了党组织的支持，发动全矿职工上山砍了几万斤茅柴，盖好了猪圈。易会才到养猪场工作3年中，猪场由原来的40头猪，发展到200多头，供给职工食堂鲜肉3万多斤。

易会才干工作从来不分什么分内分外，更不图个人舒服。当他调到废旧材料库工作以后，认真地执行“艰苦奋斗、厉行节约”的号召，时刻“以个人利益服从于民族的和人民群众的利益。”一天，他从水口山坐小火车到松柏去，行车路上看见铁路边有一块矿石。下车后，他便步行返回水口山，背了这块有20多斤重的矿石，送进了选厂。从此，不是急事，易会才就不坐小火车，总是挑担箩筐，收收捡捡。火车司机总是见他这个行装，就问他：“易师傅，车不坐，你练脚劲？”他笑笑说：“坐火车一下子

易会才（右）和工友商量铁板垫圈再利用

把我拖跑，看到要捡的东西也捡不到手，干着急，还不如走路方便。”

有一次，他和几个老师傅到一个老采场捡废铁。这里岩石极不稳固，巨大的松石纵横交错，像龇牙咧嘴的“老虎口”。易会才心想，这些废井窿里还埋着大量的铁轨、管道，不能看着它们让铁锈吃掉，一定要把它们挖出来！他领头爬上十几米高的天井，开始了拆除废管道的战斗。当拆到最后一根管子时，脚踩的朽木突然断了，眼看就要从十几米高的天井摔下来！这时，他眼尖手快，一把抓住头顶上一根横木，身子像荡秋千一样在空中悬挂起来。同志们费了好大的劲，才把易会才接下采场。有人说：“算了，别为了一根破管子，把老命也给垫上！”易会才并没有动摇自己的决心，他捋起袖子，用绳子拴住腰，悬在空中作业，终于把这根铁管子拆了下来。他们这一次就为了国家回收了十余吨废钢铁。

还有一次，他发现仓库工人小刘领了新钢轨要做角椿。易会才想，角椿很短，用废钢轨做，又省工，又省料，为什么小刘要用新钢轨来做呢？这件事使他意识到，只管材料，不管思想不行；只管物，不管“钱”不行。于是，他就找小刘谈心，告诉他：任何地方必须十分珍惜人力物力，决不可只顾一时，滥用浪费。小刘认识提高了，就和易会才一起选了旧钢轨来用，节约了一批新钢轨。

1970年初，易会才兼任了废旧材料更新队的队长。一天，他从外面回来，看到队里用杉木和杉木皮盖起了一个澡棚。他想，离这里不远就有两个大澡堂，我们一个40多人的小单位，还要单位盖澡堂不划算，于是说服大家，把澡堂改成了材料棚。通过这件事，队里进一步提高了勤俭办企业的自觉性。一年来，队里坚持生产高标准，生活低标准，在一栋破旧房子里，利用废旧材料，修修补补，拼拼凑凑，生产出了管道配件、电气设备、码钉等几十种产品。

易会才在分拣废料

易会才还帮助别人和自己家里的人培养一心为公的高尚品德。有一次，他岳母拣了一根旧铁管装在灶上做烟囱，易会才想，这不是损公利己吗！晚上，易会才开了一个家庭会，委婉的规劝岳母，他的岳母被说服后，自觉地拆下管子退给了仓库。事后，易会才又在群众中做工作，使原来一些拿了废管做烟囱的同志，也提高了觉悟，自觉地把管子退还给公家。

几年来，易会才不管风雪严寒，也不管炎天暑热，每天都要出动捡废料。他几乎踏遍了矿区的山山岭岭，走遍了井下的每一个采场。废料库里收集的废料，有钢材、管道、合金、仪表、机具、零件；也有被人认为“一钱不值”的牛角、纽扣、钥匙、废电池、玻璃瓶、破布条……

有了艰苦奋斗的思想，天下无废料。过去，回收仓库的废品旧料，不分好坏，统统作废料运出去处理，许多有用的器材元件，贵重合金，也没有回收利用，给国家财产造成了损失。易会才来到仓库后，便和仓库的同志们商量，一定要把收捡回来的废旧材料分门别类进行加工配套，回收利用。开始，有的同志说：“仓库里只有六七个人，把废料捡回来，不让它浪费掉，就已经是了不起了，哪还能加工修配。”听了这些话，他想，废物是死的，人是活的。要把废料复活，旧料翻新，关键在于人的头脑里要破旧立新。图省事，怕麻烦，算盘珠只往“我”字上拨，别说废物翻新，就是好料也会变废。头脑里有了艰苦奋斗的新思想，算盘往“材”字上打，就天下无废料。他和仓库里的同志一起认真地学习了毛主席关于“必须注意尽一切努力最大限度地保存一切可用的生产资料和生活资料，采取办法坚决地反对任何人对于生产资料和生活资料的破坏和浪费”的教导，使大家认识到节约利废对国家积累财富的重要性。

学习易会才的标语

认识提高以后，大家想办法，挖潜力，把回收的废旧材料分门别类，加工修配。他们把破旧的工作服洗净、补好，发给工人使用；烂了的工具袋，他们一针一线缝补好，配上挂钩，皮带；废斧头还有钢火的，就磨快，钢火用完了的，便送到锻工组去加工；坏了的钎头、皮尺、扳手、开关、电筒、弹子盘……就拆下零件，清洗修理，选好的配套；加工修配好的旧料，该涂油的涂油，该包封的包封，分门别类搞得整整齐齐。

从 1964 年到 1979 年，易会才带领工人先后收集废电池皮铸成锌锭 4500 公斤，收集废水轮里的合金 500 公斤，并和废旧材料库的同志一起共收回废钢铁等材料 3600 吨，节约总价值达 193 万元；1977 年、1979 年先后在全国“工

水口山工人雕塑

◎小贴士

工业学大庆：1964年党中央对全国工业战线提出的号召。1963年底，大庆油田完成探明和建设，结束了中国人靠“洋油”过日子的时代。以王进喜为代表的大庆人，吃苦耐劳，公而忘私。使大庆成为我国工业战线的一面旗帜。毛泽东发出号召开展“工业学大庆”运动，要求学习大庆自力更生、艰苦奋斗的精神，以推动全国工矿企业和社会主义建设向前发展。

业学大庆”会议和全国劳模表彰大会上被授予“全国先进生产者”和“全国劳动模范”称号；是第四、五届全国人大代表。他的优秀事迹被中央人民广播电台、《湖南日报》等媒体重点推介和报道，成为 20 世纪 70 年代家喻户晓的“红管家”。

中国共产党百年的奋斗历程，生动展现出共产党人舍身取义、忠肝义胆的英雄壮举，诠释出革命先辈顽强奋斗、无私奉献的高尚品格和精神境界。在易会才身上，正是折射了这种奋斗精神和品格境界：干一行、爱一行、到一处、红一处的敬业精神；不图名、不图利的奉献精神；不怕苦、不怕死的艰苦奋斗精神；“家业越大、越要勤俭”的勤俭节约精神。

主要参考资料

《水口山工人革命斗争故事》编写小组编：《唤起工农千百万：水口山工人革命斗争故事》，湖南人民出版社 1978 年版

中共水口山矿务局委员会宣传部编:《水口山矿工人运动资料》，湖南人民出版社 1979 年版

《水口山矿务局志》编纂委员会编：《水口山矿务局志》（水口山铅锌志续卷 1981—1995）（上册），水口山矿务局印刷厂 1996 年印

《水口山铅锌志》编撰委员会:《水口山铅锌志》(内部资料)，水口山矿务局二印刷厂 1986 年印

《水口山之星——水口山英模人物录》（水口山有色金属集团有限公司内部资料），2008 年印

耿飚：《耿飚回忆录》，解放军出版社 1991 年版

欧阳超远、刘季辰、田奇镌：《湖南水口山铅锌矿报告》，湖南地质调查所 1927 年印

夏远生：《传奇耿飚》，《新湘评论》2019 年第 16 期

肖芳玉：《水口山矿务局建矿一百周年回眸》，《有色金属》1996年第12期

《湖南水口山矿务局第四厂 创全国横罐炼锌新纪录》，《人民日报》1953年9月16日第2版

《记录中国工业文明的遗址逐渐消失，专家呼吁—— 留住工业遗产的足迹》，《人民日报》2006年7月12日第6版

《金铜铸精品 有色谱新篇》，《湖南日报》2016年5月28日第06版

《水口山：沧桑砺洗铸基业 励精图治开新篇》，《湖南日报》2016年12月26日第10版

《水口山矿务局冶炼厂职工 创造火力炼锌质量的世界新纪录》，《人民日报》1954年11月14日第1版

后 记

2013年，国务院印发“关于核定并公布第七批全国重点文物保护单位的通知”，核定公布了第七批全国重点文物保护单位1943处，水口山铅锌矿冶遗址榜上有名。2018年，中国科协创新战略研究院和中国城市学会联合发布的《中国工业遗产保护名录（第一批）》，将水口山工业文化遗产列入其中。水口山铅锌矿遗址的成功入选，体现出国家对其历史价值、文化价值、技术价值、艺术价值的高度认同，彰显了水口山深厚重实的文化底蕴。

水口山铅锌矿遗址涵盖当地5个乡镇，主要由古遗址类、工业类、红色类等共20多个文物点组成，是一个工业遗产综合体。古遗址有龙王山矿石采选场遗址、老鸦巢冶炼遗址、矿山废弃建设和构筑物等。工业类遗址有水口山第三铅冶炼厂完整的生产流程车间、铅锌矿二号、五号矿井及斜坡式矿井（忆苦窿）、铅锌矿早期住宅群、专家楼旧址、职工医院旧址、影剧院旧址、职工理发店旧址等。红色类遗址有康汉柳饭店旧址、水口山工人骨干会议旧址、工人秘密聚会旧址、工人俱乐部成立会旧址——康家戏台、办事公署旧址、红色会堂旧址、刘亚球旧居等。

作者发现，水口山铅锌矿遗址至少还具有以下五个方面的突出特点：一是水口山铅锌矿冶遗址是一个有确信史的千年古矿冶遗迹，其“官办史”在我国铅锌矿冶史上独一无二；二是水口山铅锌矿冶遗址规模宏伟，从国内现有矿冶遗址看较为罕见；三是水口山铅锌矿遗址彰显了我国最先进的有色金属冶炼技术，是铅锌冶炼人才培养和输出的摇篮；四是水口山铅锌矿遗址具有独特的“革命性”，是其他矿无法相提并论的；五是水口山铅锌矿冶遗址的人文和环境保护利用价值极高。

作者认为，尽管水口山铅锌矿具有非常重要的价值，在保护利用中也取得了一定成果，但仍存在文物本体维修推进缓慢，文物利用成效不足，社会知名度不高等问题。有鉴于此，作为长期生活工作在水口山的工业遗产研究者，有责任、有义务向社会宣传好美丽的水口山，讲好水口山铅锌矿故事，挖掘展示蕴含其中的宝贵精神财富，为保护利用水口山工业文化遗产尽自己绵薄之力。

在写作过程中，除了进行实地调研、参阅相关著作、报道外，作者参考并使用了网上搜索的一些相关资料和图片。考虑到本书是通俗读物，故将原来每篇注释进行精简合并，改在文末列出主要参考书目，这样可能导致对一些参考资料的漏注，敬请原作者予以谅解。

本书入选“中国工业遗产故事”丛书并能够出版，首先要感谢南京出版社提供的机会和平台，感谢责任编辑的辛勤付出。其次，在编写过程中，得到了湖南工学院、水口山有色金属集团有限公司、水口山工人运动陈列馆、衡阳市工业博物馆等有关单位的大力支持。南京大学历史学院李玉教授、南京航空航天大学马克思主义学院王智教授、湖南女子学院院长胡穗教授、湖南工学院党委副书记张平教授、湖南工学院马克思主义学院党总支书记张冬毛教授始终关心并指导全书撰写，水口山有色金属集团有限公司党群工作部柏华老师积极提供了珍贵原始资料和照片，湖南工学院邹召松、谢琴、陈冬冬、伍小乐、庞朝晖、尹影、欧玉洁、郑红京等老师在部分章节撰写、素材收集中做了大量工作，对他们一并表示衷心感谢。

由于作者水平有限，不确之处，恳请专家和读者批评指正。